Bibliothek von Babel

ANTOINE GALLAND (1646–1715)

Antoine Galland wurde am 4. April 1646 in Rollos bei Montdidier geboren. Der Orientalist übersetzte die arabische Märchensammlung «Tausendundeine Nacht» ins Französische und machte sie so dem Abendland zugänglich. Eine der berühmtesten Geschichten dieser Sammlung, nämlich die von «Aladin und die Wunderlampe», kommt in den Originaltexten nicht vor, und die Vermutung liegt nahe, daß Galland sie erfunden hat. Er wäre somit das letzte Glied in einer langen Kette von Erzählern.

Antoine Galland starb am 17. Februar 1715 in Paris.

DIE BIBLIOTHEK VON BABEL

umfaßt dreißig Bände mit phantastischen Erzählungen der bekanntesten Autoren aus drei Jahrhunderten.

Jorge Luis Borges (1899–1986), der berühmte argentinische Schriftsteller und ehemalige Nationalbibliothekar, stellte die Reihe zusammen. Der leidenschaftliche Büchersammler gilt als Altmeister der phantastischen Literatur. Aus seinen Lieblingsbüchern traf er eine persönliche Auswahl von Erzählungen, die bisher weitgehend unbekannt waren, und stellte jedem Band ein Vorwort voran. Einige Texte erscheinen erstmals in deutscher Sprache.

Franco Maria Ricci, Sproß einer Genueser Adelsfamilie, gab der Reihe ihr Gesicht. Er ist einer der bekanntesten Designer und Verleger. Sein bisher erfolgreichstes Projekt ist FMR, ein internationales Magazin für Kunst und Kultur, das in vier Sprachen erscheint.

Im Goldmann Verlag erscheint die gesamte «Bibliothek von Babel».

1001 NACHT

Nach Galland

Erzählungen

Mit einem Vorwort von
Jorge Luis Borges

GOLDMANN VERLAG

Idee: Franco Maria Ricci
Originalverlag und Copyright
Franco Maria Ricci Editore, Mailand

Quellenverzeichnis und Copyright-Vermerke
für die im vorliegenden Band versammelten Erzählungen
finden sich auf Seite 175

Der Goldmann Verlag
ist ein Unternehmen der Verlagsgruppe Bertelsmann

Made in Germany · 12/89 · 1. Auflage
Genehmigte Taschenbuchausgabe
Vorwort von Jorge Luis Borges

Deutsche Übersetzung von Maria Bamberg

Umschlaggestaltung: Design Team München
Druck: Presse-Druck, Augsburg
Verlagsnummer: 8724
AR/CV · Herstellung: Heidrun Nawrot
ISBN 3-442-08724-4

Vorwort

Den Orient von Zeit zu Zeit neu zu entdecken gehört zur europäischen Tradition: Herodot, die Bibel, Marco Polo und Kipling sind Namen, die einem in diesem Zusammenhang zuerst einfallen. Aber alle überstrahlt der des Buches von Tausendundeiner Nacht. *Er symbolisiert gewissermaßen den Begriff «Morgenland», dieses seltsame Wort, das für so viele und so unterschiedliche Landstriche gilt, von Marokko bis zu den japanischen Inseln. Es läßt sich schwer definieren, denn Definieren heißt Verwässern mit anderen Worten, und allein das Wort «Morgenland» erfüllt uns, wie das Wort* Tausendundeine Nacht, *mit Zauber.*

Die Gewohnheit pflegt Qualität und Quantität als Gegensätze zu begreifen. Die Länge eines Buches kreiden wir ihm als Makel an, obwohl bei einigen von ihnen der bloße Umfang Qualität, wesensbestimmende Qualität, bedeutet. Solch ein Buch –

und nicht das unberühmteste – ist der Rasende Roland, *ein anderes der* Quijote *und wiederum ein anderes* «Tausendundeine Nacht» *oder, wie Kapitän Burton fordert,* Thousand Nights and a Night *(Das Buch von den tausend Nächten und einer Nacht). Gewiß kommt es nicht darauf an, es ganz und gar durchzulesen; die Araber versichern, ein solches Unterfangen führe zum Tode. Ich meine, daß der Genuß, den uns bereits die Lektüre irgendeiner Geschichte daraus bereitet, aus der Empfindung kommt, daß wir vor einem unversiegbaren Strom stehen. Der ursprüngliche Titel zählte tausend Nächte, aber die abergläubische Furcht vor den geraden Zahlen veranlaßte die Kompilatoren, noch eine hinzuzufügen, und diese eine reicht aus, um das Zahllose anzudeuten.*

Hindustan schreibt seine großen Epen einem Gott zu, einem sagenhaften Held, einer Gestalt aus dem Werke selbst, oder der Zeit. Beim Erbauen von Tausendundeiner Nacht *haben die Jahrhunderte und die Reiche zusammengewirkt. Man vermutet, daß der ursprüngliche Kern der Sammlung in der Tat aus Indien stammt und unter ständigem Wachsen und Sichvermehren von dort nach Persien gelangte, von Persien nach Arabien und von Arabien nach Ägypten. Um dem Titel gerecht zu werden, mußten es genau eintausend und eine Nacht sein; so sahen sich die Abschreiber genötigt, eher zufällige Texte in das Werk einzufügen. Zum Beispiel erzählt Schehrezad in einer Nacht die Geschichte von Schehrezad, ohne zu merken, daß von ihr selbst die Rede ist; wäre sie weiterhin so unauf-*

merksam gewesen, würde uns ein Glück zuteil geworden sein, das uns schwindeln machen könnte: ein wahrhaft unendliches Buch!
Auf den ersten Blick vermittelt das Buch von Tausendundeiner Nacht *den Eindruck von zügelloser Phantasie; kaum machen wir uns jedoch an die Erforschung dieses Labyrinths, so wird uns, wie auch in anderen Fällen, deutlich, daß wir kein verantwortungsloses Chaos vor uns haben, keine Orgie der Einbildungskraft: Der Traum hat seine Gesetze. Immer wieder stoßen wir auf bestimmte Symmetrien: Die Wiederholung der Dreizahl, die Verstümmelungen oder Verwandlungen menschlicher Körper in Tiere, die Schönheit der Prinzessinnen, die Pracht der Herrscher, magische Talismane, allmächtige Geister, die zu Sklaven der Willkür eines Menschen werden. Diese wiederkehrenden Motive bilden den Faden und den persönlichen Stil dieses im wahrsten Sinne des Wortes unpersönlichen gewaltigen Gemeinschaftswerkes.*
Ohne zu übertreiben können wir sagen, daß es zweierlei Zeit gibt: Die eine ist die historische Zeit, in der sich unser Schicksal vollzieht, die andere ist die von Tausendundeiner Nacht. *Zeitlos wartet sie auf unsere Hand. Ungeachtet der Widerwärtigkeiten und Zufälligkeiten, der Verwandlungen und Dämonen hinterläßt uns Schehrezads Zeitenstrom einen Duft, der in Büchern nicht weniger selten vorkommt als im Leben: den Duft der Glückseligkeit. Das Werk strotzt von Fabeln und Lehrstücken, aber deren Nutzanwendung zählt nicht; es strotzt von Grausamkeiten und Erotik, aber in ihnen steckt*

die Einfalt unvollendeter Gestaltungen in einem Spiegel.

Der vorliegende Band enthält nur eine der berühmten Geschichten, die von Aladin und der Wunderlampe. *De Quincey hielt sie für die beste, aber in den Originaltexten kommt sie nicht vor. Möglicherweise ist sie eine glückliche Erfindung von Galland, dem französischen Orientalisten, der zu Beginn des 18. Jahrhunderts das Buch von* Tausendundeiner Nacht *dem Abendland zugänglich machte. Wenn wir dieser Vermutung folgen, so wäre Galland damit das letzte Glied einer langen Kette von Erzählern. Von den anderen ausgewählten Erzählungen ist* Die Abenteuer des Bulukiya *eine Art islamischer* Divina Commedia, *und* Die Stadt aus Bronze *sprengt den Rahmen der Erzählung und bleibt als Klagelied in unserem Gedächtnis haften.*

Bei der Zusammenstellung dieses Bandes hat mich die Hoffnung geleitet, er möge die Neugier des Lesers nicht befriedigen, sondern ihn dazu ermuntern, mit Genuß die geliebten weiten Regionen des Originals zu durchstreifen.

Jorge Luis Borges

Die Geschichte Abdullahs, des blinden Bettlers

Von Antoine Galland, übertragen von Borges

...Der blinde Bettler, der geschworen hatte, kein Almosen anzunehmen, das nicht von einem Bakkenstreich begleitet wäre, erzählte dem Kalifen seine Geschichte:
«Beherrscher der Gläubigen, ich wurde in Bagdad geboren. Mit der Erbschaft meiner Eltern und der Frucht meiner Arbeit kaufte ich achtzig Kamele, die ich an die Kaufleute der Karawanen vermietete, die nach den Städten und bis an die Grenzen Eures weiten Reiches zogen.
Als ich eines Abends mit meiner unbeladenen Herde von Basra zurückkehrte, machte ich an einer Quelle Rast, um die Kamele weiden zu lassen; im Schatten eines Baumes sitzend überwachte ich sie, als ein Derwisch vorbeikam, der zu Fuß nach Basra wanderte. Wir begrüßten uns, holten unsern Mundvorrat heraus und begannen einträchtig miteinander zu essen. Der Derwisch sah meine vielen

Kamele, und er erzählte mir, nicht weit von hier läge ein Berg, der einen so unermeßlichen Schatz hüte, daß selbst, wenn alle meine achtzig Kamele mit Gold und Juwelen beladen würden, keiner ihr Fehlen bemerken würde. Entzückt fiel ich dem Derwisch um den Hals und bat ihn, mir den Ort zu zeigen, ich würde ihm auch zum Dank ein beladenes Kamel schenken. Der Derwisch begriff, daß die Habsucht dabei war, mich um den Verstand zu bringen, und versetzte:
‹Bruder, du mußt verstehen, daß dein Angebot in keinem Verhältnis zu der Gefälligkeit steht, die du von mir erwartest. Ich brauchte dir nichts weiter von dem Schatz zu sagen und mein Geheimnis für mich zu behalten. Aber ich will dir wohl und mache dir deshalb einen vernünftigeren Vorschlag. Wir gehen zu dem Berge, wo der Schatz liegt, und beladen die achtzig Kamele; dann gibst du mir vierzig und behältst die anderen vierzig. Danach trennen wir uns, und jeder geht seiner Wege.›
Dieser verständige Vorschlag schien mir über die Maßen hart; vierzig Kamele zu verlieren kam mir wie mein Ruin vor, und es empörte mich, daß der Derwisch, ein zerlumpter Bettler, ebenso reich werden sollte wie ich. Dennoch willigte ich ein, damit ich nicht bis an meinen Tod bereuen müßte, eine solche Gelegenheit versäumt zu haben.
Ich trieb die Kamele zusammen, und wir machten uns zu einem von himmelhohen Bergen eingeschlossenen Tale auf, in das wir durch einen so engen Hohlweg gelangten, daß sich gerade ein einziges Kamel hindurchzwängen konnte.

Der Derwisch häufte dürres Reisig auf, das er gesammelt hatte und entzündete es mit Hilfe von wohlriechenden Pulvern; er sprach ein paar unverständliche Worte, und durch den Rauch sahen wir, wie der Berg sich öffnete und uns einen Palast in seinem Innern zeigte. Wir traten ein und das erste, was sich meinen entzückten Blicken darbot, waren mehrere Haufen Goldes, auf die ich mich voll Habgier stürzte, wie ein Adler auf seine Beute, um die mitgeführten Säcke zu füllen.
Der Derwisch tat ein Gleiches; ich bemerkte, daß er die Edelsteine dem Golde vorzog, und nahm mir vor, seinem Beispiel zu folgen. Als meine achtzig Kamele beladen waren, zog der Derwisch, ehe er den Berg wieder verschloß, aus einem silbernen Krug ein Kästchen aus Sandelholz und barg es an seiner Brust. Es enthielt eine Salbe, wie er mich sehen ließ.
Wir gingen hinaus, der Berg schloß sich, wir verteilten die achtzig Kamele, und ich dankte ihm mit überschwenglichen Worten für seine Gefälligkeit; wir umarmten uns in heiterster Stimmung, und jeder ging seines Weges.
Ich war keine hundert Schritt gegangen, als der Geist der Habsucht mich anfiel. Es reute mich, ihm meine vierzig Kamele samt ihrer kostbaren Last überlassen zu haben, und ich beschloß, sie dem Derwisch im Guten oder im Bösen wieder abzujagen. Ein Derwisch bedarf solcher Reichtümer nicht, dachte ich, er weiß, wo der Schatz liegt, und überdies ist er die Armut gewohnt.
Ich hielt meine Kamele an, kehrte eilends um und

schrie hinter dem Derwisch her, er möge stehenbleiben. Ich erreichte ihn.
‹Bruder›, redete ich ihn an, ‹ich habe mir gedacht, daß du an ein friedsames Leben gewöhnt bist, nur bewandert im Gebet und der Andacht und unerfahren in der Leitung von vierzig Kamelen. Wenn du mir zustimmst, so behalte nur dreißig; auch dann wird es dir schwerfallen, sie zu zügeln.›
‹Du hast recht›, erwiderte der Derwisch, ‹daran hatte ich nicht gedacht. Wähle zehn aus, die dir am besten gefallen, nimm sie, und Gott behüte dich.›
Ich sonderte zehn Kamele aus, die ich zu den meinen tat; doch eben die Bereitwilligkeit, mit welcher der Derwisch nachgegeben hatte, entzündete meine Habgier. Ich kehrte erneut um und wiederholte ihm die gleichen Überlegungen hinsichtlich der Schwierigkeiten, die er mit der Leitung der Kamele haben würde, und nahm weitere zehn mit mir. Aber wie der Wasserruhrkranke desto durstiger wird, je mehr er trinkt, wuchs meine Begierde mit der Nachgiebigkeit des Derwischs. Unter Küssen und Segenssprüchen gelang es mir, ihm alle Kamele mit ihrer Last von Gold und Juwelen wieder abzunehmen. Als er mir das letzte übergab, sprach er zu mir:
‹Nutze diese Reichtümer wohl und denke daran, daß Gott, der sie dir gegeben hat, sie dir auch nehmen kann, so du nicht den Bedürftigen beistehst, welche die göttliche Barmherzigkeit nur darum in ihrem Elend beläßt, damit die Reichen ihnen Wohltätigkeit erweisen und sich so einen größeren Lohn im Paradiese verdienen.›

Die Gier hatte mir so sehr den Verstand benebelt, daß, während ich ihm für die Überlassung meiner Kamele dankte, ich bloß an das Sandelholzkästchen dachte, das er so sorgfältig verwahrt hatte.
In der Annahme, daß die Salbe gewiß irgendeine wunderbare Eigenschaft enthielte, bat ich ihn, sie mir zu schenken, und meinte, ein Mann, der wie er aller weltlichen Eitelkeit entsagt hätte, bedürfe doch keiner Salbe.
Innerlich war ich entschlossen, sie ihm mit Gewalt zu entreißen, doch statt sie mir zu verweigern, zog der Derwisch das Kästchen aus dem Busen und reichte es mir.
Als ich es in Händen hielt, öffnete ich es; ich betrachtete die Salbe darin und sprach:
‹Da deine Güte so groß ist, bitte ich dich noch, du mögest mir sagen, welche Eigenschaften diese Salbe hat.›
‹Sie sind außerordentlich›, erwiderte er. ‹Wenn man damit das linke Auge bestreicht und das rechte schließt, erblickt man deutlich alle im Innern der Erde verborgenen Schätze. Wenn man das rechte bestreicht, verliert man die Sehkraft beider.›
Entzückt bat ich ihn, mein linkes Auge mit der Salbe zu bestreichen.
Der Derwisch entsprach meiner Bitte. Kaum hatte er mir das Auge bestrichen, so erschienen vor meinem Blick so viele und so vielfältige Schätze, daß meine Habgier sich aufs Neue regte. Ich ward nicht müde, diese unendlichen Reichtümer zu betrachten; da ich aber das rechte Augen geschlossen und mit der Hand bedeckt halten mußte, was mir

lästig wurde, bat ich den Derwisch, er möge mir auch das rechte Auge bestreichen, damit ich noch mehr Schätze erblicken könne.
‹Ich habe dir gesagt›, antwortete er, ‹daß du mit dem Bestreichen des rechten dein Augenlicht verlierst.›
‹Bruder›, versetzte ich lächelnd, ‹unmöglich kann diese Salbe zwei so entgegengesetzte Eigenschaften und so verschiedene Gaben besitzen.›
Wir stritten lange Zeit; schließlich rief der Derwisch Gott zum Zeugen an, daß er mir die Wahrheit gesagt hätte, und gab meinen Bitten nach. Ich schloß das linke Auge, und der Derwisch bestrich mir mit der Salbe das rechte. Als ich beide öffnete, war ich blind!
Zu spät erkannte ich, daß mich meine erbärmliche Begehrlichkeit zugrundegerichtet hatte, und ich verfluchte meine unersättliche Habgier. Ich warf mich dem Derwisch zu Füßen.
‹Bruder!›, rief ich, ‹der du stets willfährig warst und so weise bist, gib mir mein Augenlicht wieder!›
‹Unseliger›, erwiderte er. ‹Habe ich dich nicht im voraus gewarnt und mit allen Kräften versucht, dich vor diesem Unglück zu bewahren? Ja, ich kenne viele Geheimnisse, wie du in der Zeit, die wir zusammen verbrachten, feststellen konntest, aber das Geheimnis, dich wieder sehend zu machen, kenne ich nicht. Gott hat dich mit Reichtümern überhäuft, die zu besitzen du unwürdig warst, und er hat sie dir genommen, um deine Habgier zu bestrafen.›
Er trieb meine achtzig Kamele zusammen, und

indem er sich mit ihnen auf den Weg machte, ließ er mich, meiner Tränen und meines Flehens nicht achtend, allein und hilflos zurück. Ich weiß nicht, wieviele Tage ich voll Verzweiflung in jenen Bergen umhergeirrt bin; Pilger haben mich schließlich aufgenommen.»

Historie von Aladin oder Die wunderbare Lampe

In der Hauptstadt eines gewissen, sehr reichen und weitläufigen Königreiches in China, deren Namen mir gerade nicht einfallen will, wohnte ein Schneider mit Namen Mustafa. Der Schneider Mustafa war sehr arm und konnte mit seinem Handwerk kaum genug erwerben, um sich selbst, seine Frau und einen Sohn, den Gott ihm geschenkt hatte, davon zu ernähren. Der Sohn, Aladin genannt, war so nachlässig aufgezogen worden, daß er sich viele Laster angewöhnt hatte. Er war gottlos, eigensinnig und seinen Eltern gegenüber ungehorsam. Sobald er etwas größer war, konnten ihn seine Eltern nicht zu Hause halten. Er lief morgens weg und spielte den ganzen Tag auf den Straßen und Marktplätzen mit kleinen, liederlichen Jungen, die auch noch viel jünger waren als er.

Als er nun alt genug war, um ein Handwerk zu erlernen, nahm ihn sein Vater, da er ihn nicht in ein anderes Haus geben konnte, zu sich in die Werkstatt und lehrte ihn, wie man die Nadel führen muß. Allein, es war dem Vater nicht möglich, weder durch gute Worte noch durch Androhung von harten Strafen, den unsteten und liederlichen Charakter seines Sohnes zu bändigen. Denn trotz aller Versuche konnte er ihn nicht zum Stillsitzen zwingen oder zum fleißigen Arbeiten, wie er selbst es gewohnt war. Sobald Mustafa ihm den Rücken zugekehrt hatte, lief Aladin fort und kam den ganzen Tag nicht zurück nach Hause. Zwar züchtigte ihn der Vater dafür, aber Aladin war nicht zu erziehen oder zu verändern. Zu seinem großen Leidwesen sah sich Mustafa daher gezwungen, ihn dem liederlichen Leben zu überlassen. Das machte ihm große Sorgen, und der Kummer darüber, daß er seinen Sohn nicht zu besserem Gehorsam erziehen konnte, machte ihn so krank, daß er wenige Monate darauf starb. Aladins Mutter, die sah, daß ihr Sohn das Handwerk seines Vaters nicht lernen wollte, schloß die Werkstatt und machte alle Handwerksgeräte zu Geld, damit sie und ihr Sohn davon und von dem, was sie mit Baumwollespinnen verdiente, leben konnten.

Aladin, der jetzt von seinem Vater nichts mehr fürchten mußte, und sich um seine Mutter wenig kümmerte, ja sie sogar bei den geringsten Ermahnungen bedrohte, führte nun ganz und gar das Leben eines Taugenichts. Immer häufiger besuchte er die gleichaltrigen Kinder seiner Nachbarschaft und spielte mit noch größerem Vergnügen mit ihnen als zuvor. So trieb er es bis zu seinem

fünfzehnten Lebensjahr, ohne daß er sich überlegte, was er einmal lernen und werden wollte. Nun begab es sich, daß eines Tages, als er wie gewohnt auf einem Platz mit vielen Jugendlichen seines Alters spielte, ein Fremder über den Markt ging, stillstand und ihn betrachtete.
Dieser Fremde war ein Zauberkünstler, den uns die Überlieferer dieser Geschichte unter dem Namen Afrikanischer Zauberer vorstellen. Wir werden ihn also auch so nennen, zumal er wirklich aus Afrika stammte und erst zwei Tage zuvor angekommen war. Nun mag der Afrikanische Zauberer, der Gesichter sehr gut zu deuten wußte, in Aladins Gesicht all das gefunden haben, was er auf seiner Reise gesucht hatte – oder war es ein anderer Grund – jedenfalls fragte er sehr gründlich nach dem Namen, der Herkunft, dem Charakter und den Neigungen des Jungen. Als er alles erfahren hatte, was er wissen wollte, zog er den jungen Mann etliche Schritte beiseite und fragte ihn: «Mein lieber Sohn, hieß nicht Euer Vater Mustafa der Schneider?» «Ja mein Herr», antwortete Aladin, «aber er ist schon vor einiger Zeit gestorben.» Bei diesen Worten fiel der Afrikanische Zauberer Aladin um den Hals, umarmte und küßte ihn, sogar Tränen traten ihm in die Augen und er seufzte tief.
Aladin, der die Tränen bemerkte, fragte, welchen Grund zu weinen er habe. «Ach mein Sohn», rief der Afrikanische Zauberer, «wie sollte ich nicht weinen? Ich bin Euer Onkel, denn Euer Vater war mein Bruder. Seit so vielen Jahren bin ich auf der Reise, und statt ihn wie gehofft wiederzusehen und

mich mit ihm über die Wiederkehr zu freuen, sagt Ihr mir, er sei tot. Was meine Trauer über diese Nachricht jedoch ein wenig mildert ist, daß ich an ihn erinnert werde, wenn ich Euch ansehe; denn ich merke, daß meine Sinne sich nicht getäuscht haben, als ich Euch anredete.» Hierauf steckte er die Hand in seine Manteltasche und fragte, wo denn seine Mutter wohne. Aladin gab ihm Auskunft, und der Afrikanische Zauberer gab ihm eine Hand voll Münzen. «Mein Sohn», sagte er dabei, «geht geschwind zu Eurer Mutter, grüßt sie freundlich und sagt ihr, daß ich sie morgen besuchen will, wenn meine Geschäfte und meine Zeit es zulassen. Denn ich will mir den Ort ansehen, wo mein Bruder so lange Zeit gelebt und sein Leben auch beschlossen hat.»

Sobald der Afrikanische Zauberer den selbstgewählten Neffen verlassen hatte, lief Aladin geschwind zu seiner Mutter und freute sich über das Geld, das sein Onkel ihm gegeben hatte. «Ach liebste Mutter», sagte er zu ihr, als er bei ihr war, «sagt mir doch, ob ich noch einen Onkel habe.» «Mein lieber Sohn», antwortete ihm die Mutter, «Ihr habt keinen Onkel, weder von Eures Vaters noch von Eurer Mutter Seite.» Aladin gab zurück: «Aber ich habe doch gerade mit einem Menschen gesprochen, der sich mein Onkel von meines Vaters Seite genannt hat, und er versicherte mir, daß er meines Vaters Bruder wäre. Ja er hat angefangen zu weinen und mich umarmt, als ich ihm sagte, daß mein Vater gestorben sei. Und zum Zeichen, daß ich die Wahrheit sage, seht her, was er mir gegeben hat.» Bei diesen Worten zeigte er ihr das Geld, das er von ihm bekommen hatte. «Er hat mir auch aufgetragen, Euch zu grüßen und Euch zu sagen, daß er morgen, wenn die Geschäfte ihn nicht abhalten, Euch besuchen und zugleich das Haus sehen will, wo mein Vater gelebt hat und gestorben ist.» «Mein Sohn», erwiderte die Mutter, «es ist zwar wahr, daß Euer Vater einen Bruder hatte, aber der ist schon längst gestorben und ich habe meinen Mann niemals von einem anderen Bruder reden hören.» Von nun an sprachen sie nicht mehr von dem Afrikanischen Zauberer.

Am anderen Tag redete der Afrikanische Zauberer Aladin wieder an, als der an einem anderen Ort der Stadt mit vielen Knaben spielte. Er umarmte ihn wie am vorigen Tag und steckte ihm zwei Goldstükke zu, wobei er sagte: «Mein Sohn, tragt dies zu Eurer Mutter und sagt ihr, daß ich sie heute Abend besuchen will und daß sie etwas zu essen kaufen soll, damit wir miteinander speisen können. Aber erklärt mir noch vorher, wie ich Euer Haus finde.» Aladin tat dies und der Afrikanische Zauberer ließ ihn gehen.

Aladin brachte die zwei Goldstücke seiner Mutter, und sobald er ihr die Worte seines Onkels überbracht hatte, ging sie fort, um von dem Geld einzukaufen; reich beladen kam sie zurück. Da sie aber kein Geschirr hatte, welches sie doch dafür benötigte, ging sie zu ihren Nachbarinnen und borgte sich welches. Sie verbrachte den ganzen Tag mit Vorbereitungen, und am Abend, als alles fertig war, sagte sie zu Aladin: «Lieber Sohn, Euer Onkel

weiß vielleicht nicht, wo unser Haus ist. Geht ihm entgegen und bringt ihn her, wenn ihr ihn trefft.»
Obgleich Aladin dem Afrikanischen Zauberer den Weg gezeigt hatte, wollte er doch gleich hinausgehen, als es an der Tür klopfte. Er öffnete und erkannte den Afrikanischen Zauberer, der viele Flaschen Wein nebst allerhand Früchten für das Abendbrot mitbrachte. Nachdem der Afrikanische Zauberer alle Gaben in Aladins Hände gelegt hatte, begrüßte er seine Mutter und bat sie, ihm zu zeigen, wo sein Bruder Mustafa auf dem Sofa zu sitzen pflegte. Sie zeigte es ihm, worauf er sich niederkniete, den Platz viele Male küßte und mit Tränen in den Augen rief: «Ach mein armer Bruder, wie unglücklich bin ich, daß ich nicht mehr zur rechten Zeit gekommen bin, Euch vor Eurem Tod noch einmal zu umarmen!» Und obwohl Aladins Mutter ihn darum bat, wollte er sich doch auf keinen Fall auf diesem Platz niederlassen. «Nein», sagte er, «das werde ich nicht tun. Erlaubt mir jedoch, mich gegenüber hinzusetzen, damit ich wenigstens dahin schauen kann, als ob er zugegen wäre, auch wenn ich ihn nicht mehr als einen Vater im Kreis seiner Familie, die mir so lieb ist, sehen kann.» Aladins Mutter nötigte ihn nicht weiter, sondern überließ ihm, den Platz zu wählen, den er wollte.
Als der Afrikanische Zauberer sich auf dem gewählten Platz niedergelassen hatte, fing er an, mit Aladins Mutter zu schwatzen. «Meine liebe Schwester», sagte er zu ihr, «verwundert Euch nicht, daß Ihr mich in der ganzen Zeit Eurer Ehe mit meinem seligen Bruder noch nie gesehen habt. Es sind schon

vierzig Jahre, daß ich aus diesem Land weggereist bin, das sowohl meines als auch meines verstorbenen Bruders Vaterland ist. Denn seit jener Zeit bin ich in Indien, Persien, Arabien, Syrien, Ägypten und in den schönsten Städten ferner Länder gewesen. Anschließend bin ich nach Afrika gereist, wo ich noch länger blieb. Weil es nur natürlich ist, daß man, auch wenn man noch so weit von zu Hause entfernt ist, seinen Geburtsort, seine Verwandten und diejenigen Personen, mit welchen man groß geworden ist, nicht vergißt, so wuchs auch in mir schließlich die Sehnsucht nach meinem Vaterland und meinem Bruder unmäßig. Und da ich sie wiedersehen wollte, solange ich die Kraft und den Mut für eine solch lange Reise hatte, traf ich ohne allen Verzug die nötigen Vorbereitungen und machte mich auf den Weg. Ich will Euch gar nicht erzählen, wieviel Zeit ich gebraucht habe, welche Hindernisse sich mir in den Weg stellten und welche Unbill ich auf mich nehmen mußte, bevor ich hier ankam; nur so viel laßt mich sagen, daß mich auf der ganzen Reise nichts so sehr betrübt hat wie die Nachricht vom Tod meines Bruders, den ich immer von ganzem Herzen geliebt habe. Ich habe einige seiner Züge im Gesicht Eures Sohnes, meines Neffen, erkannt, so daß ich ihn unter allen Kindern, mit denen er zusammen war, herausfinden konnte. Er wird Euch bestätigen, wie betrübt ich über die Nachricht vom Ableben meines Bruders war. Aber man darf nicht verzweifeln und ich freue mich, daß ich ihn in seinem Sohn wiedergefunden habe.»
Als der Afrikanische Zauberer sah, daß Aladins

Mutter bei der Erinnerung an ihren Mann ganz traurig wurde, wandte er sich von ihr ab und fragte Aladin, wie er heiße. «Ich heiße Aladin», antwortete dieser ihm. «Wohlan, Aladin», erwiderte der Zauberer, «wie verbringt Ihr Eure Zeit? Könnt Ihr irgendein Handwerk?»
Bei dieser Frage schlug Aladin die Augen nieder und wurde vor Scham rot. Aber seine Mutter redete für ihn und sagte: «Aladin ist ein liederlicher Kerl. So lange er lebte, hat sein Vater alles versucht, ihm das Schneiderhandwerk beizubringen; aber er hat nichts erreichen können. Und seit er tot ist, kann ich dem Knaben sagen, was ich will, so tut er doch nichts anderes als faulenzen. Wie Ihr selbst gesehen habt, spielt er den ganzen lieben langen Tag mit den Kindern und will nicht einsehen, daß er kein Kind mehr ist; und wenn Ihr ihn nicht zur Vernunft bringen könnt und er auf Euren guten Rat nicht hört, so verliere ich vollends alle Hoffnung, daß aus ihm noch einmal etwas Rechtes werden kann. Er weiß wohl, daß sein Vater ihm kein Vermögen hinterlassen hat und sieht ja selbst, daß ich mit meiner Baumwollspinnerei kaum unser tägliches Brot verdienen kann. Ich bin deshalb fest entschlossen, ihn aus dem Haus zu werfen und zwar schon in den nächsten Tagen; dann mag er sein Brot suchen, wo er will.» Nachdem Aladins Mutter unter Tränen so gesprochen hatte, wandte der Afrikanische Zauberer sich mit folgenden Worten an Aladin: «Das höre ich nicht gern, lieber Neffe. Man muß trachten, etwas Rechtes zu lernen, damit man später sein Brot damit verdienen kann. Es gibt viele verschie-

dene Berufe, schaut doch einmal, ob darunter nicht einer ist, der Euch mehr zusagt als die anderen. Vielleicht gefällt Euch das Handwerk Eures Vaters nicht und ein anderes liegt Euch mehr. Verschweigt mir nicht, was Ihr darüber denkt, denn ich will Euch nur helfen.» Als Aladin ihm nicht antwortete, fuhr er fort: «Wenn Euch jedes Handwerk zuwider ist, so will ich Euch einen Laden mit schönen Stoffen und feinen Tuchen einrichten. Die müßt Ihr dann verkaufen und von dem Geld, das Ihr dabei verdient, neue Ware einkaufen. Auf diese Art könnt Ihr ehrlich leben und Euch ernähren. Überlegt Euch das und sagt mir später frei heraus, was Ihr davon haltet. Ihr werdet mich jederzeit bereit finden, mein Versprechen zu halten.»
Dieser Vorschlag gefiel Aladin ungemein, denn die Handarbeit wollte ihm gar nicht schmecken und er war verständig genug, um zu sehen, daß die Läden und Gewölbe mit solchen Waren stets voller Leute waren. Außerdem standen die Kaufleute in hohem Ansehen und waren immer elegant gekleidet. Er ließ den Afrikanischen Zauberer, den er für seinen Onkel hielt, wissen, daß er sehr wohl Lust zu einer solchen Sache verspüre und daß er ihm Zeit seines Lebens für die Wohltaten, die er ihm erweisen wolle, dankbar sein würde.
«Weil diese Arbeit Euch zusagt», antwortete der Afrikanische Zauberer, «so will ich Euch morgen mit mir nehmen und Euch prächtig und kostbar kleiden, wie es bei den großen Kaufleuten üblich ist. Übermorgen werde ich Euch dann einen Laden einrichten, wie ich ihn mir vorstelle.»

Aladins Mutter, die bis jetzt noch nicht geglaubt hatte, daß der Afrikanische Zauberer wirklich ihres Mannes Bruder sei, zweifelte nun nicht mehr daran, nachdem er ihrem Sohn so viel Gutes zu tun versprach. Sie bedankte sich herzlich bei ihm für seinen guten Willen und mahnte Aladin, sich solcher Taten würdig zu erweisen; dann trug sie das Abendessen auf. Während der ganzen Mahlzeit sprachen sie von nichts anderem als diesen Plänen, so lange, bis der Zauberer spät in der Nacht von Mutter und Sohn Abschied nahm.

Früh am anderen Morgen kam der Afrikanische Zauberer wieder zu Mustafas Witwe, wie er versprochen hatte. Er nahm Aladin mit sich und führte ihn zu einem vornehmen Geschäft, in dem es fertige Kleider der verschiedensten Art für alle Stände in den kostbarsten Stoffen zu kaufen gab. Er ließ sich etliche zeigen, und nachdem er alles, was ihm besonders gut gefiel, auf die Seite gelegt hatte, sagte er zu Aladin: «Mein Neffe, sucht Euch von diesen Kleidern dasjenige aus, das Euch am besten gefällt.» Aladin war von der Großzügigkeit seines Onkels ganz beglückt, wählte eines aus, und der Zauberer kaufte dazu noch alles nötige Beiwerk und bezahlte es, ohne zu handeln.

Als Aladin sich so prächtig von Kopf bis Fuß gekleidet sah, bedankte er sich überschwenglich, und der Zauberer versprach ihm erneut, ihn nicht zu verlassen, sondern ihn immer bei sich zu behalten. Dann führte er ihn in die belebtesten Teile der Stadt, vor allem dorthin, wo die Geschäfte der reichsten Kaufleute waren. Und als sie in die Gasse kamen, wo die Stoff- und Tuchgeschäfte waren, sagte er zu Aladin: «Weil Ihr bald selbst solch ein Kaufmann sein werdet, tut Ihr gut daran, solche Geschäfte jetzt einmal aufzusuchen, um sie kennenzulernen.» Er zeigte ihm auch die schönsten und größten Moscheen und führte ihn in die «Khan» genannten Wirtshäuser, wo die fremden Kaufleute abstiegen. Weiterhin zeigte er ihm alle jene Teile des Palastes des Groß-Sultans, die vom Volk besichtigt werden durften. Nachdem sie zusammen die schönsten Plätze der Stadt angesehen hatten, kamen sie zu dem Khan, in dem der Zauberer wohnte. Dortselbst trafen sie etliche Kaufleute, mit denen er seit seiner Ankunft Bekanntschaft geschlossen und die er jetzt zusammen eingeladen hatte, um sie seinem vermeintlichen Neffen vorzustellen. Das Mahl endete erst gegen Abend. Aladin wollte Abschied nehmen von seinem Onkel und nach Hause gehen, aber der Afrikanische Zauberer wollte ihn nicht allein gehen lassen und führte ihn selbst zu seiner Mutter nach Hause. Als diese ihren Sohn so wohlgekleidet sah, war sie vor Freude ganz außer sich und hörte nicht auf, den Zauberer zu segnen für die Aufwendungen, die er ihrem Sohn angedeihen ließ. «Großmütiger und wohltätiger Schwager», sagte sie zu ihm, «ich weiß nicht, wie ich Euch für Eure Großzügigkeit danken soll; ich weiß wohl, daß mein Sohn Eure Wohltaten nicht verdient, und er würde sich ihrer ganz unwürdig machen, wenn er sich nicht dankbar dafür zeigen und danach handeln würde. Meinerseits danke ich Euch nochmals von ganzer Seele und wünsche

Euch ein langes Leben, damit mein Sohn sich Euch erkenntlich zeigen kann, was er am allerbesten dadurch tun würde, daß er sich nach Eurem weisen Rat verhält.»

«Aladin ist ein guter Knabe», antwortete der Afrikanische Zauberer. «Er folgt mir recht gut und ich hoffe, wir werden noch etwas Rechtes aus ihm machen. Nur verdrießt mich eines, daß ich ihm nämlich morgen nicht halten kann, was ich versprochen habe. Morgen ist nämlich Freitag und die Läden und Gewölbe sind alle geschlossen. Man wird also nicht daran denken können, eines zu mieten und einzurichten, weil die Kaufleute an nichts anderes denken als an ihre Lustbarkeit. Also müssen wir die Sache auf Sonnabend verschieben. Ich will ihn jedoch morgen abholen und ihn in den Gärten spazieren führen, wo sich die ordentlichen Leute einzufinden pflegen. Lustbarkeiten, wie sie dort stattfinden, hat er vielleicht noch nie gesehen, weil er bisher nur mit lauter Kindern zusammen war; aber er muß auch erwachsene Leute sehen.»

Nach dieser Rede nahm der Afrikanische Zauberer Abschied von Mutter und Sohn und ging von dannen. Aladin war voller Freude über seine schönen Kleider und über die Aussicht, in den Gärten außerhalb der Stadt spazieren gehen zu dürfen. Er war noch nie bis vor die Stadttore gekommen und hatte auch die umliegenden Gegenden noch nie gesehen, die ungemein lustig und von großer Schönheit waren.

Aladin stand also bei Tagesanbruch auf und kleidete sich an, damit er fertig wäre, wenn sein Onkel käme und ihn abholte. Als er seiner Meinung nach ziemlich lange gewartet hatte, öffnete er voll Ungeduld die Haustür, um nach ihm Ausschau zu halten. Sobald er ihn erblickte, nahm er Abschied von seiner Mutter, schloß die Tür hinter sich zu und lief ihm entgegen.

Der Afrikanische Zauberer liebkoste Aladin, als er bei ihm war. «Laßt uns gehen, liebstes Kind», sagte er zu ihm mit lächelnder Miene. «Ich will Euch heute sehr schöne Dinge zeigen.» Er führte ihn zu einem Tor hinaus, vor welchem große und schöne Häuser, oder vielmehr prächtige Paläste lagen, die jeder von einem schönen Garten umgeben waren, in welche man frei hineingehen konnte. Bei jedem Palast, den sie sahen, fragte er Aladin, ob er schön wäre; aber wenn Aladin einen neuen sah, kam er der Frage immer schon zuvor: «Ei, Onkel, das ist ein viel schönerer, als all die anderen, die wir bisher gesehen haben.» Auf diese Weise kamen sie immer weiter in das Feld hinaus, und der verschlagene Zauberer, der noch viel weiter gehen wollte, um sein geplantes Vorhaben auszuführen, ergriff die Gelegenheit, in einen der Gärten hineinzugehen. Er setzte sich bei einem großen Becken nieder, in welches schön klares Wasser aus einem Löwenmaul floß, und stellte sich müde, damit auch Aladin sich ausruhen sollte. «Mein Neffe», sagte er, «Ihr werdet genauso müde sein wie ich. Wir wollen hier ein wenig ausruhen und wieder zu Kräften kommen, damit wir unseren Spaziergang besser und schneller fortsetzen können.»

Als sie sich niedergelassen hatten, zog der Afrikanische Zauberer aus einem Tuch, das an seinem Gürtel hing, Kuchen und vielerlei Früchte hervor und legte sie alle um den Rand des Beckens herum. Den Kuchen teilte er mit Aladin, von den Früchten aber durfte der Knabe sich diejenigen aussuchen, die ihm am allerbesten schmeckten und nach denen ihm der Sinn stand. Während dieser kleinen Mahlzeit schwatzte er mit seinem angeblichen Neffen über vielerlei und ermahnte ihn, von der Gesellschaft der Kinder abzulassen und sich vielmehr mit klugen und verständigen Leuten zu umgeben, die er anhören und deren Ratschläge er sich zunutze machen solle: «Denn alsbald werdet Ihr ein Mann wie jene sein, und Ihr könnt Euch nicht früh genug daran gewöhnen, ebenso kluge Dinge zu reden wie sie.»

Als sie die Mahlzeit beendet hatten, standen sie auf und setzten ihren Weg durch die Gärten fort, die alle nur durch einen kleinen Graben voneinander getrennt waren, die zwar eine Grenze darstellten, über die man aber hinwegschreiten konnte. Der Afrikanische Zauberer führte Aladin unbemerkt ziemlich weit über die Gärten hinaus; sie gingen über viele Felder, bis sie endlich nahe an die Berge gelangten.

Aladin, der in seinem Leben noch nie so weit gegangen war, war sehr müde geworden. «Lieber Onkel», sagte er zu dem Afrikanischen Zauberer, «wo gehen wir hin? Wir haben die Gärten ziemlich weit hinter uns gelassen und ich sehe nichts anderes als Berge. Wenn wir noch weiter gehen, so weiß ich nicht, ob ich noch genügend Kraft für den Rückweg

haben werde.» «Nur Mut», antwortete ihm der falsche Onkel, «ich will Euch einen anderen Garten zeigen, welcher alle anderen, die Ihr bisher gesehen habt, an Schönheit in den Schatten stellt. Er ist nicht weit von hier, es sind nur noch ein paar Schritte, und wenn wir dort angekommen sind werdet Ihr selbst zugeben, daß Ihr es nicht bereut, ihn gesehen zu haben, nachdem Ihr schon so nah daran gewesen seid.» Aladin ließ sich überreden, und der Zauberer führte ihn noch sehr weit, während er ihm viele lustige Geschichten erzählte, damit ihm der Weg verkürzt würde.
Endlich kamen sie zwischen zwei Berge mittlerer Höhe, die einander genau gleich und nur durch ein sehr enges Tal voneinander getrennt waren. Dies war der merkwürdige Ort, zu dem der Afrikanische Zauberer Aladin hatte führen wollen, um sein großes Vorhaben auszuführen; dafür war er eigens von dem äußersten Ende Afrikas bis nach China gereist. «Wir werden nicht viel weiter gehen», sagte er zu Aladin, «denn ich will Euch hier sehr wundersame und allen sterblichen Menschen unbekannte Dinge zeigen. Und wenn Ihr sie gesehen habt, so werdet Ihr mir danken, daß Ihr Zeuge von so viel wunderbaren Sachen gewesen seid, die niemand auf der Welt außer Euch gesehen hat. Sucht nun aber unter den Sträuchern hier die dürrsten Zweiglein zusammen, damit wir ein Feuer anzünden können.»
Es lagen so große Mengen davon herum, daß Aladin bald einen überreichen Vorrat beisammen hatte, während der Zauberer sein Schwefelholz

herauszog. Damit entzündete er das Holz, und als es anfing zu brennen, warf er Rauchwerk, welches er in den Händen hielt, hinein. Es entwickelte sich dunkler Rauch, welchen er mit Sprüchen, die Aladin nicht verstand, von einer Seite auf die andere trieb.

Hierauf erzitterte die Erde etwas, spaltete sich genau vor Aladin und dem Zauberer und ließ einen bloßen Stein sehen, ungefähr eineinhalb Fuß im Quadrat und einen Fuß dick. In der Mitte war ein metallener Ring eingelassen, damit man ihn aufheben konnte. Aladin erschrak über das, was er sah, und wollte fliehen. Aber er war für diese geheime Zeremonie nötig, so daß der Zauberer ihn zurückhielt, obwohl er wilde Schmähungen ausstieß. Sein Gebaren war so arg, daß der Zauberer ihm schließlich eine derbe Maulschelle gab. Daraufhin fiel er zu Boden, und es fehlte wenig, daß er ihm nicht die Zähne ausschlug, denn das Blut schoß ihm bereits aus dem Mund. Der arme Aladin zitterte am ganzen Leibe und rief mit Tränen in den Augen: «Was habe ich denn getan, daß Ihr mich so hart schlagt?» «Ich habe meine Gründe, solches zu tun», erwiderte der Zauberer, «denn ich bin Euer Onkel und bin an Eures Vaters Stelle, so daß Ihr mir nicht widersprechen dürft.» Schließlich besänftigte er sich und fuhr fort: «Nun mein Kind, fürchte nichts, ich verlange nichts anderes von Dir, als daß Du mir in allen Dingen gehorchst, wenn Du Dich der großen Wohltaten, die ich Dir versprochen habe, würdig erweisen willst.»

Diese Worte des Zauberers und die Versprechungen besänftigten Aladins Furcht und seinen Zorn. Als er wieder vollkommen still und zufrieden war, fuhr der Zauberer fort: «Ihr seht, was ich durch meinen Rauch und meine Worte getan habe. So wißt denn jetzt, daß unter diesem Stein ein Schatz verborgen liegt, der Euch vorbehalten ist und der Euch mit der Zeit viel reicher machen kann als die größten Könige der Welt. Dieses ist so wahr, daß auch keinem Menschen auf der ganzen Welt außer Euch erlaubt ist, diesen Stein aufzuheben und beiseite zu tun, um in den Schatz hineinzugehen. Ja, sogar mir selbst ist es verboten, daran zu rühren und einen Fuß in den Schatz zu setzen, wenn er einmal freigelegt ist. Deshalb müßt Ihr Punkt für Punkt genau das tun, was ich Euch sagen werde, ohne das geringste daran zu ändern. Die Sache ist von größter Wichtigkeit, sowohl für Euch wie für mich.» Aladin war zwar immer noch bestürzt über das, was er gesehen und was er über den Schatz gehört hatte, aber er erholte sich rasch von seinem Schrecken, stand auf und sagte zu dem Zauberer: «Nun wohlan, mein Onkel, was ist zu tun? Ich bin gerne bereit, Euch zu gehorchen.» «Ich bin froh», sagte der Afrikanische Zauberer und umarmte ihn, «daß Ihr Euch so entschieden habt. Kommt, tretet zu mir, nehmt diesen Ring und hebt den Stein auf.» Aladin erwiderte: «Lieber Onkel, dazu bin ich nicht stark genug; Ihr müßt mir helfen, ihn aufzuheben.» «Nein», gab der Afrikanische Zauberer zurück, «Ihr braucht meine Hilfe nicht. Nennt nur Eures Vaters und Eures Großvaters Namen, haltet diesen Ring und hebt den Stein auf. Ihr werdet sehen, daß

es Euch ohne große Mühe gelingen wird.» Aladin tat, wie ihm geheißen war, hob den Stein ganz leicht auf und legte ihn zur Seite.
Als der Stein beiseite geschoben war, blickte man in einen Keller von drei bis vier Fuß Tiefe mit einer kleinen Pforte. Dahinter lagen etliche weitere Stufen, auf denen man weiter hinunter gelangen konnte. «Mein Sohn», sagte hierauf der Afrikanische Zauberer zu Aladin, «gebt genau acht auf das, was ich Euch jetzt sage. Steigt hinab in diesen Keller; wenn Ihr an die Stufen kommt, die Ihr von hier aus sehen könnt, werdet Ihr eine offene Pforte finden. Diese führt Euch in ein großes Gewölbe, das in drei Räume, einer hinter dem anderen, unterteilt ist. In jedem dieser Räume werdet Ihr linker und rechter Hand vier große metallene Gefäße sehen, die voller Gold und Silber sind. Allein nehmt Euch ja in acht, daß Ihr diese Truhen nicht anrührt. Ehe Ihr in den ersten Raum eintretet, hebt Euren Rock auf und wickelt ihn fest um Euch herum. Dann geht, ohne Euch im geringsten aufzuhalten und vor allem, ohne die Mauern auch nur mit einem Rockzipfel zu berühren, durch die beiden ersten Säle in den dritten. Wenn Ihr jedoch irgend etwas vorher anrührt, müßt Ihr auf der Stelle sterben. Am Ende des dritten Saales befindet sich eine Tür, die Euch in einen Garten mit schönen Bäumen voller Früchte führen wird. Durch diesen Garten geht geradewegs auf einem Weg entlang, der Euch zu einer Treppe mit fünfzig Stufen führt, über die man auf eine Terrasse gelangt. Wenn Ihr dort oben steht, werdet Ihr in der Mauer ein Loch sehen und in dem Loch

eine brennende Lampe. Nehmt die Lampe, löscht sie aus, werft den Docht weg und gießt das Öl aus. Dann steckt sie in Euer Hemd und bringt sie mir. Habt keine Sorge wegen Eurer Kleider: Die Flüssigkeit ist kein richtiges Öl, und die Lampe wird schnell trocknen, wenn keine Flüssigkeit mehr darin ist. Wenn Euch die Früchte im Garten gefallen, so könnt Ihr davon ruhig aufsammeln so viele Ihr wollt; das ist Euch nicht verboten.»

Während er also sprach, zog der Afrikanische Zauberer einen Ring von seinem Finger und steckte ihn Aladin an. Dieses sei, so sagte er, ein Schutzmittel gegen alles Übel, was ihm womöglich begegnen könnte, selbst wenn er alle seine Anweisungen richtig befolgte. «Geht jetzt, liebstes Kind», wies er ihn anschließend an, «steigt beherzt hinunter, wir werden alle beide reich für den Rest unseres Lebens sein.»

Aladin sprang rasch die Stufen bis zur letzten hinunter. Er fand die drei Säle, die ihm der Afrikanische Zauberer beschrieben hatte, und ging mit großer Vorsicht hindurch, weil er Angst hatte, sterben zu müssen, wenn er die Ermahnungen des Zauberers nicht befolgte. Ohne sich länger aufzuhalten, ging er auch durch den Garten, stieg auf die Terrasse, nahm die brennende Lampe aus dem Loch, warf den Docht weg, goß die Flüssigkeit aus und steckte sie, sobald sie ganz trocken war, in sein Hemd. Dann sah er sich im Garten um und betrachtete die Früchte, die er vorher nur im Vorbeigehen mit einem Blick gestreift hatte. Die Bäume in diesem Garten hingen alle voller selten schöner

Früchte, alle in anderen Farben. Es gab weiße, durchsichtige wie Kristall, dunkelrote und blaßrote, grüne, blaue, violette, gelbliche und viele andere. Die weißen waren Perlen, die durchsichtigen Diamanten, die hellroten Rubine, die grünen Smaragde, die blauen Türkise, die violetten Amethyste und so fort. Und alle Früchte waren so groß und rein, wie man sie noch nie auf Erden gesehen hatte. Aladin, der weder die Schönheit noch den Wert dieser Früchte ermessen konnte, war über ihren Anblick weniger erfreut, als wenn es Feigen, Weintrauben oder andere echte Früchte gewesen wären, da sie ihm so gar nicht schmecken konnten. Er glaubte, daß all diese Früchte nichts weiter als gefärbtes Glas seien. Aber die vielen verschiedenen Farben, die Größe und die Schönheit der Früchte veranlaßten ihn doch, von jeder Sorte einige abzupflücken. Damit füllte er seine zwei neuen Beutel, die ihm der Zauberer zusammen mit den Kleidern gekauft hatte. Eine ganze Anzahl wickelte er auch noch in die Falten seines Gürtels, der aus feinster Seide und so weit war, daß man ihn mehrmals um die Taille schlingen konnte. Noch mehr steckte er in sein Hemd und überall zwischen seine Kleider, sorgsam darauf bedacht, daß sie nicht herausfallen konnten.

Aladin war also mit großem Reichtum beladen, ohne daß er es wußte. Er machte sich nun wieder auf den Weg zu den drei Sälen, damit der Afrikanische Zauberer nicht allzu lange auf ihn warten mußte. Nachdem er mit der gleichen Vorsicht wie zuvor hindurch gegangen war, stieg er wieder die

Treppen hinauf und kam zum Eingang der Höhle, wo ihn der Afrikanische Zauberer mit großer Ungeduld erwartete. Als Aladin ihn erblickte, sagte er zu ihm: «Mein Onkel, seid doch so gut und gebt mir die Hand, damit ich besser hinaufsteigen kann.» Der Afrikanische Zauberer entgegnete: «Mein Sohn, gebt mir zuerst die Lampe; sie könnte Euch hinderlich sein.» «Ach nein, Onkel», erwiderte Aladin, «sie behindert mich nicht. Ich will sie Euch geben, sobald ich oben bin.»

Der Afrikanische Zauberer blieb bei seiner Meinung und verlangte, daß Aladin ihm die Lampe gebe, bevor er ihm aus der Höhle hinauf helfe. Aber Aladin, der alle Früchte, die er gesammelt hatte, um die Lampe herumgelegt hatte, schlug es ihm rundweg ab. Daraufhin erzürnte der Afrikanische Zauberer über die Widerspenstigkeit dieses jungen Menschen und fing fürchterlich an zu wüten. Er warf noch etwas Rauchwerk in das Feuer, das er noch immer brennen hatte, und kaum hatte er zwei Zauberwörter gesprochen, da rutschte der Stein von selbst wieder an seine alte Stelle und verschloß die Höhle. Und alles sah genau so aus wie vorher.

Mit Sicherheit war der Afrikanische Zauberer nicht der Bruder von Mustafa dem Schneider und daher auch nicht Aladins Onkel. Er war vielmehr aus Afrika, und weil Afrika ein Land ist, wo man sich mehr als anderswo auf die Zauberei versteht, so hatte er diese von Jugend auf gelernt. Nach etwa vierzig Jahren der Zauberei, geologischer Übungen, dem Studium magischer Bücher und vieler Räucherei hatte er endlich herausgefunden, daß es auf der

Welt eine wunderbare Lampe geben mußte, die ihn viel mächtiger als den größten König machen würde. Durch eine letzte geologische Beschwörung hatte er schließlich erfahren, daß diese Lampe sich in einem unterirdischen Gewölbe mitten in China befand, eben dort und unter jenen Umständen, von denen wir vorher gehört haben. Als er sich seiner Sache ganz sicher gewesen war, war er in die Stadt gereist, die diesem Ort am nächsten lag, und hatte sich Aladin zu Diensten genommen, da ihm selbst der Zugang zu dem geheimen Ort verboten war. In seinem Geiz und seiner Bosheit wollte er die Lampe an sich nehmen, sobald Aladin sie geholt hätte, und sogleich die Höhle mitsamt Aladin darin wieder verschließen. Als ihm nun sein schöner Plan zu mißglücken schien, sprach er so rasch die nötigen Zauberwörter, weil er fürchtete, jemand könnte ihn und Aladin hören und so von seinem Geheimnis erfahren.

Als der Afrikanische Zauberer seine großen Hoffnungen nun alle verschwinden sah und keine Aussicht auf ein erfolgreiches Ende zu bestehen schien, machte er sich auf den Weg zurück nach Afrika. Er machte aber allerlei Umwege, damit er nicht durch dieselbe Stadt reisen mußte, die er mit Aladin zusammen verlassen hatte, denn er hatte Angst, jemand hätte ihn mit dem Kind spazieren gehen sehen und würde Verdacht schöpfen, weil er jetzt ohne es zurückkam.

Allem Anschein nach brauchte man nun nicht weiter von Aladin zu erzählen. Aber eben jener, der ihn vermeintlich ins Verderben gestürzt hatte, hatte vergessen, daß er ihm einen Ring an den Finger gesteckt hatte, der ihn retten und erlösen konnte. Aladin selbst jedoch wußte nichts von den Fähigkeiten dieses Ringes. Nach all den Wohltaten seines Onkels hatte er keineswegs mit solch boshafter Behandlung gerechnet, wie man sich denken kann, und war darüber höchst verwundert. Als er sich nun lebendig begraben fand, rief er seinen Onkel wohl tausendmal und schrie, er wolle ihm die Lampe von Herzen gerne geben, aber all sein Schreien und Flehen waren vergebens. Also blieb er im Dunkeln allein. Endlich, als er etwas zu weinen aufgehört hatte, stieg er die Kellertreppe hinunter und suchte die Helligkeit des Gartens, in dem er zuvor gewesen war. Aber die Mauer, die sich durch Zauberei geöffnet hatte, war durch neue Zauberei wieder fest geschlossen. Viele Male tappte er im Dunkeln von rechts nach links und zurück, fand aber keine Türe mehr. Hierauf schrie er doppelt so laut wie vorher und setzte sich auf die Kellertreppe ohne Hoffnung, jemals wieder das Tageslicht zu erblicken. Vielmehr war er gewiß, bald aus der Finsternis des Kellers in die Finsternis des Todes zu geraten.

In dieser Situation blieb Aladin zwei Tage, ohne Essen und Trinken. Endlich, als er am dritten Tag den Tod schon unvermeidlich vor sich sah, hob er seine Hände, faltete sie zusammen und rief gottergeben: «Es gibt keine höhere Macht noch Gewalt als diejenige Gottes!» Und während er so die Hände faltete, rieb er, ohne es zu bemerken, den Ring, den ihm der Afrikanische Zauberer an den Finger

gesteckt hatte und dessen Wirkung er noch nicht kannte. Alsbald stieg ein Geist von schrecklicher Gestalt und mit gräßlichem Gesicht vor ihm aus der Erde empor, bis er mit dem Kopf an die Decke stieß, und sprach folgende Worte: «*Was willst du? Hier siehst du mich, bereit, dir zu gehorchen wie ein Sklave und wie ein Sklave all derjenigen, die den Ring an ihrem Finger tragen. Hier siehst du mich nebst allen anderen Sklaven des Ringes.*»
Zu anderer Zeit und unter anderen Umständen wäre Aladin, der solche Erscheinungen nicht gewohnt war, zutiefst erschreckt gewesen und hätte sicher die Sprache verloren. Aber er dachte an nichts anderes als an die große Gefahr, in der er schwebte, und antwortete deshalb ohne Zögern: «Sei wer du willst, bring mich nur von diesem Ort hier fort, wenn du es vermagst.» Kaum hatte er die Worte ausgesprochen, da öffnete sich die Erde und er befand sich außerhalb der Höhle, an eben jenem Ort, zu dem ihn der Zauberer geführt hatte.
Als Aladin sich nach der langen Dunkelheit wieder an das Licht gewöhnt hatte und sich umsah, wunderte er sich sehr, im Boden keinerlei Öffnung zu sehen. Nichts außer der Feuerstelle deutete auf den Ort hin, an dem die Höhle gelegen hatte. Aladin kehrte sich also zur Stadt und sah sie zwischen den Gärten, die sie umgaben, hervorleuchten. Er erkannte auch den Weg, den ihn der Afrikanische Zauberer geführt hatte, und dankte Gott, daß er wieder auf der Welt war.
Er machte sich auf den Weg und kam nach viel Müh und Not in die Stadt und in das Haus seiner Mutter.

Aus Freude darüber, seine Mutter wiederzusehen, und aus Schwäche, weil er drei Tage lang nicht gegessen hatte, fiel er dort in Ohnmacht, die eine ganze Weile anhielt. Seine Mutter, die ihn schon verloren geglaubt und ihn beweint hatte, ließ nichts ungetan, ihn wieder zu sich zu bringen. Als er endlich erwachte, sagte er: «Liebste Mutter, bitte gebt mir vor allem zu essen, denn ich habe seit drei Tagen nichts zu mir genommen.» Seine Mutter brachte ihm, was sie hatte, und setzte es ihm mit den Worten vor: «Eßt nicht zu schnell, mein Sohn, denn das ist gefährlich. Eßt fein langsam einen Bissen nach dem anderen und nehmt Euch in acht vor eurem großen Hunger. Ich will nicht einmal, daß Ihr jetzt mit mir redet. Dazu werdet Ihr genügend Zeit haben, wenn Ihr wieder bei Kräften seid. Ich bin so froh, Euch wiederzusehen, nachdem ich mich seit Freitag gräme; denn ich hatte mir alle Mühe gegeben, zu erfahren, wo Ihr hingegangen seid, nachdem es bereits dunkel geworden und Ihr noch nicht wieder zu Hause wart.»
Aladin befolgte den Rat seiner Mutter, aß langsam und trank auch wenig. Als er fertig war, sagte er: «Liebste Mutter, ich hätte wohl guten Grund, mich über Euch zu beklagen, weil Ihr mich so leicht und ohne Schwierigkeiten weggelassen und einem Kerl überantwortet habt, der nichts anderes im Sinn hatte, als mich zu verderben, und der mich jetzt, während ich hier sitze, mit Sicherheit für tot hält. Auch habt Ihr genau wie ich geglaubt, daß er mein Onkel sei; wie sollten wir auch nicht, nachdem er mich mit so vielen Wohltaten überschüttet hat.

Aber wißt, liebste Mutter, daß er ein Betrüger und ein gottloser Mensch gewesen ist. Er hat mir nur deshalb so viel Gutes erwiesen und mir so viele Versprechungen gemacht, weil er mich für seinen Plan, den wir nicht kennen, brauchte. Von meiner Seite kann ich Euch versichern, daß ich keinerlei Anlaß gegeben habe, der diese üble Behandlung gerechtfertigt hätte. Ihr werdet es selbst sehen, wenn ich Euch all das, was ich seit meinem Weggang von Euch erlebt habe, in aufrichtigster Weise erzähle.» Hierauf begann Aladin seiner Mutter all das zu berichten, was ihm seit dem Freitag, als er mit dem Zauberer fortgegangen war, zugestoßen war. Er vergaß auch nicht die Ohrfeige, die er von dem Zauberer bekommen hatte, und ließ keine Einzelheit der wundersamen Dinge aus, die er erlebt hatte. Zum Beweise seiner Erzählung zog er dabei die Lampe aus seiner Jacke und die durchsichtigen Früchte, die er im Garten aufgelesen hatte. Er gab die zwei Beutel seiner Mutter, die sich aber nicht viel daraus machte. Diese Früchte jedoch waren, wie wir wissen, sehr kostbare Steine, die beim Schein der Lampe wie die Sonne funkelten, woran man durchaus hätte erkennen können, wie wertvoll sie waren. Aber Aladins Mutter verstand davon ebenso wenig wie ihr Sohn, denn sie war in ärmlichen Verhältnissen aufgewachsen und auch ihr Mann hatte nie so viel Geld gehabt, daß er ihr so wertvolle Steine hätte kaufen können. Darüberhinaus hatte sie noch nie solche Steine gesehen, weder bei ihren Verwandten noch bei ihren Nachbarn. Also legte Aladin sie einfach unter das Kissen, auf dem er saß. Dann beendete er seine Erzählung, indem er ihr von des Zauberers schändlichem Handeln bei seiner Rückkehr aus dem Keller berichtete. Als er die Geschichte seiner wundersamen Rettung beendet hatte, sagte er zu seiner Mutter: «Ich brauche nicht noch mehr zu erzählen, denn das Übrige wißt Ihr selbst. Jetzt seht Ihr, welcher Gefahr ich ausgesetzt war, seit ich Euch verließ.» Aladins Mutter hörte die wundersame Erzählung geduldig an und nahm gerührten Anteil, wie eine Mutter es zu tun pflegt, die einen Sohn trotz seiner Fehler liebt. An den wichtigsten Stellen, die Zeugnis von der Schlechtigkeit des gottlosen Afrikanischen Zauberers ablegten, konnte sie sich nicht zurückhalten, ihrem Zorn über ihn Ausdruck zu verleihen. Und als Aladin geendet hatte, fing sie an, tausenderlei Schmähungen gegen diesen Betrüger auszustoßen. Sie nannte ihn einen Verräter, gottlosen Barbar, Mörder, Betrüger und Zauberer. «Ja, mein Sohn», fügte sie hinzu, «er ist ein Zauberer, und die Zauberer sind allesamt eine Pest. Sie haben durch ihre Beschwörungen und Zaubereien Umgang mit dem Teufel. Gott sei gedankt, daß Er es nicht zugelassen hat, daß die Bosheit jenes Zauberers ihre volle Wirkung auf Euch ausübt. Ihr könnt ihm nur danken für seine Gnade. Der Tod wäre Euch sicher gewesen, wenn Ihr den Herrn nicht um Hilfe angerufen hättet.» Sie redete noch eine ganze Weile weiter, doch wurde sie bald gewahr, daß Aladin, der drei Tage nicht geschlafen hatte, Ruhe nötig hatte. Sie schickte ihn zu Bett und legte sich selbst kurze Zeit später ebenfalls schlafen.

Aladin, der in dem unterirdischen Loch, in dem er eingesperrt gewesen war, kein Auge zugetan hatte, schlief die ganze Nacht fest und süß und wachte am nächsten Morgen erst sehr spät auf. Er stand auf und bat seine Mutter als erstes um etwas zu essen. «Ach mein Sohn», antwortete sie ihm, «ich habe nicht einmal ein Stück Brot, das ich Euch geben kann. Ihr habt gestern abend den geringen Vorrat, den ich im Hause hatte, gänzlich aufgegessen. Aber habt nur etwas Geduld, ich will Euch in Kürze etwas bringen. Ich habe noch etwas Baumwollgarn von meiner Arbeit übrig. Das will ich verkaufen, damit ich Brot und noch etwas anderes für unser Mittagsmahl einkaufen kann.» «Liebste Mutter», erwiderte Aladin, «hebt Euer Baumwollgarn für ein anderes Mal auf und gebt mir die Lampe, die ich gestern mitgebracht habe. Ich will sie verkaufen und für das Geld werde ich bestimmt sowohl etwas zum Frühstück als für das Mittagessen und das Abendmahl einkaufen können.»
Aladins Mutter gab ihm die Lampe und sagte zu ihrem Sohn: «Hier ist sie, aber sie ist ziemlich häßlich. Ich glaube, wenn man sie etwas putzen würde, könnte sie wertvoller aussehen.» Daraufhin nahm sie Wasser und etwas Sand, um sie zu putzen. Aber kaum hatte sie angefangen, die Lampe abzureiben, als sofort ein häßlicher Geist von riesiger Größe aus der Erde aufstieg, sich vor sie hinstellte und donnernd zu ihr sagte: *«Was willst du? Ich bin bereit, dir und all jenen, die die Lampe in ihrer Hand halten, wie ein Sklave zu dienen; ich und auch alle anderen Sklaven der Lampe.»*

Aladins Mutter konnte vor Schrecken kein Wort herausbringen. Eine so entsetzliche und schreckliche Gestalt hatte sie noch nie gesehen und fiel darob in Ohnmacht.
Aladin, der fast die gleiche Erscheinung schon in dem Keller erlebt hatte, ergriff, ohne Zeit zu verlieren und ohne nachzudenken sofort die Lampe, machte den Fehler seiner Mutter wieder gut und antwortete für sie mit sicherer Stimme: «Ich habe großen Hunger, bringe mir etwas zu essen.» Der Geist verschwand, kam aber augenblicklich wieder mit einem großen silbernen Tablett auf dem Kopf. Daneben trug er noch zwölf silberne Schüsseln voll köstlicher Speisen, sechs große Brote, so weiß wie Schnee, die auf den Schüsseln lagen, zwei Flaschen guten Wein und zwei Gläser. Das alles setzte er neben dem Sofa ab und verschwand sofort.
Dies war so schnell geschehen, daß Aladins Mutter noch nicht von ihrer Ohnmacht wieder erwacht war, als der Geist bereits gänzlich verschwunden war. Aladin hatte vergeblich versucht, sie wieder zu sich zu bringen. Als jedoch die Speisen aufgetragen waren, kam sie, möglicherweise durch deren Duft angeregt, sofort wieder zu Sinnen. «Liebste Mutter», sagte Aladin zu ihr, «es ist nichts Schlimmes geschehen. Steht auf und eßt. Seht hier, mit diesen Sachen kann man sich das Herz stärken und ich meinen Hunger stillen. Laßt solche guten Gerichte nicht kalt werden.»
Aladins Mutter war zutiefst bestürzt, als sie das große Tablett und die Schüsseln und all die anderen Köstlichkeiten sah. Sie fragte Aladin: «Mein

Sohn, woher kommt dieser Überfluß, und wem haben wir diese Großzügigkeit zu verdanken? Sollte gar der Sultan von unserer Armut erfahren und Mitleid mit uns bekommen haben?»

«Liebste Mutter», antwortete der Sohn, «laßt uns erst hinsetzen und essen. Ihr seid genauso hungrig wie ich, und wenn wir gefrühstückt haben, will ich Euch alles erklären.» Sie setzten sich zu Tisch und aßen mit großem Appetit, hatten sie doch noch nie an einer so köstlichen Tafel gespeist.

Während der Mahlzeit konnte Aladin sich nicht satt sehen an dem Tablett und den Schüsseln, obwohl er nicht wußte, ob sie aus Silber oder aus einem anderen Metall waren. Und da sie beide solche Dinge noch nie gesehen hatten, achteten sie nicht so sehr auf den Wert als auf die Schönheit der Arbeit daran. Aladin, der eigentlich nur ein Frühstück hatte essen wollen, saß noch mittags bei der Mahlzeit, weil die köstlichen Gerichte seinen Appetit erst richtig geweckt hatten. Und da die Speisen warm waren, meinte er, es wäre gut, beide Mahlzeiten zusammen zu verzehren. Als er und seine Mutter die doppelte Mahlzeit beendet hatten, blieb ihnen nicht nur genug für das Abendessen übrig, sondern auch für zwei Mahlzeiten am nächsten Tag.

Als Aladins Mutter abgeräumt und die Reste der Speisen kühl gestellt hatte, setzte sie sich zu ihrem Sohn auf das Sofa und sagte zu ihm: «Aladin, ich warte mit Ungeduld auf Eure Erklärung.» Aladin erzählte ihr genau jede Einzelheit, die sich zwischen ihm und dem Geist während ihrer Ohnmacht zugetragen hatte.

Aladins Mutter war höchst erstaunt über das, was sie hörte, und über das Erscheinen des Geistes. Und sie fragte: «Was wollt Ihr mit Euren Geistern machen? Solange ich auf der Welt bin, habe ich niemals gehört, daß irgend jemand aus meiner Bekanntschaft einen Geist gesehen hätte. Durch welchen Zufall ist dieser Geist mir erschienen? Warum hat er sich an mich und nicht an Euch gewandt, wo er Euch doch auch schon in dem Gewölbe erschienen ist?»

«Liebste Mutter», erwiderte Aladin, «der Geist, der Euch erschienen ist, ist nicht derselbe, der mir erschienen ist. Zwar haben sie beide dieselbe riesenhafte Größe, aber in ihrem Aussehen und in ihrer Kleidung unterscheiden sie sich gänzlich voneinander. Außerdem haben sie verschiedene Herren. Wenn Ihr Euch erinnert, so hat sich derjenige, der mir erschienen ist, Sklave des Ringes genannt; derjenige, der sich Euch zeigte, hat sich dagegen Sklave der Lampe, die Ihr in der Hand hieltet, genannt. Aber ich glaube nicht, daß Ihr das noch gehört habt, ich glaube, Ihr wart bereits in Ohnmacht gefallen, als er anfing zu sprechen.»

«Was?» rief Aladins Mutter. «So ist denn Eure Lampe die Ursache dafür, daß dieser verfluchte Geist zu mir und nicht zu Euch gekommen ist? Ach mein Sohn, nehmt mir die Lampe aus den Augen und stellt sie hin, wo Ihr wollt; ich will sie nimmermehr anrühren. Ich wünschte eher, daß wir sie verkaufen oder wegwerfen, als daß man in die Gefahr gerät, vor Angst zu sterben, wenn man sie nur ein wenig anfaßt. Wenn Ihr auf mich hört, so werft auch den Ring fort. Man soll mit Geistern nichts zu schaffen haben, denn es sind Teufel, wie schon der Prophet gesagt hat.» «Liebste Mutter», antwortete Aladin, «ich werde mich wohl hüten, die Lampe, die sowohl Euch wie mir nützlich ist, zu verkaufen, wie ich es ursprünglich vorhatte. Seht Ihr nicht, was sie uns verschafft hat? Sie muß uns auch weiterhin ernähren und uns das beschaffen, was wir brauchen. Ihr könnt Euch nun sicher so gut wie ich vorstellen, daß mein falscher Onkel sich nicht umsonst so viele Mühe gegeben hat, um diese wundersame Lampe zu erhalten; warum er sie allem Gold und Silber, das in den Sälen lag und das ich selbst gesehen habe, vorzog. Er kannte den Wert dieser Lampe nur zu gut, so daß er von dem anderen reichen Schatz nichts zu begehren brauchte. Weil wir ihre Wirkung nun durch Zufall entdeckt haben, laßt sie uns auch gebrauchen, aber ohne großes Aufsehen darum zu machen, damit unsere Nachbarn nicht neidisch und mißgünstig werden. Ich will sie aber wohl aus Eurer Sichtweite nehmen und sie so verstecken, daß ich sie jederzeit erreichen kann, wenn ich sie brauche. Was den Ring betrifft, so kann ich mich nicht entschließen, ihn fortzuwerfen, denn ohne ihn hättet Ihr mich nie mehr wiedergesehen. Also erlaubt mir, ihn weiterhin zu tragen. Wer weiß, ob ich nicht irgendwann wieder einmal in eine Gefahr gerate, die weder Ihr noch ich vorhersehen, aus der er mich befreien kann.» Weil Aladins Wunsch nicht unrecht schien, konnte seine Mutter ihm nichts anderes antworten als: «Mein Sohn, Ihr könnt tun, was Ihr wollt. Ich jedoch möchte mit den Geistern nichts zu tun haben.»

Am anderen Tag war nach dem Abendessen nichts mehr von den Speisen übrig, die der Geist gebracht hatte. Am folgenden Tag nahm Aladin, der nicht warten wollte, bis ihn der Hunger dazu zwang, eine silberne Schüssel, versteckte sie unter seinem Rock und ging fort, um sie zu verkaufen. Er rief einen Juden, den er auf der Straße traf, zur Seite, zeigte ihm die Schüssel und fragte, ob er sie kaufen wollte.

Der Jude war gewitzt und listig, nahm die Schüssel und biß hinein. Kaum hatte er erkannt, daß sie aus bestem Silber war, als er Aladin fragte, wie hoch er sie einschätzte. Aladin, der noch nie mit solcher Ware gehandelt hatte, sagte nur, daß er, der Jude, wohl selber wisse, was die Schüssel wert wäre; er wolle ihm vertrauen. Der Jude war über Aladins Aufrichtigkeit höchst verwirrt. Und weil er nicht wußte, ob Aladin den tatsächlichen Wert der Schüssel kannte, zog er aus seinem Beutel ein Goldstück heraus, das höchstens den 62sten Teil des wirklichen Wertes ausmachte, und gab es ihm. Aladin nahm das Goldstück geschwind in die Hand und lief so rasch er konnte davon. Der Jude vermochte sich daraufhin nicht recht über den Gewinn, den er gemacht hatte, zu freuen, sondern war wütend auf sich, weil er nicht sofort erkannt hatte, daß Aladin den wahren Wert des verkauften Stükkes gar nicht kannte und sicher auch mit viel weniger zufrieden gewesen wäre. Er wollte also dem jungen Mann hinterher laufen, um etwas von

seinem Goldstück wieder herauszubekommen, aber Aladin war schon zu weit gelaufen, als daß der Jude ihn noch hätte einholen können.
Auf seinem Rückweg ging Aladin in einen Bäckerladen, kaufte Brot für sich und seine Mutter und bezahlte mit dem Goldstück, das der Bäcker ihm wechselte. Zu Hause gab er das übrige Geld seiner Mutter, die auf den Markt ging und die anderen notwendigen Lebensmittel einkaufte, die sie für die nächsten Tage brauchten.
Sie fuhren fort, auf diese Art zu leben: Aladin verkaufte alle Schüsseln nacheinander dem Juden, nämlich immer dann, wenn wieder Geld im Haus fehlte. Der Jude, der für die erste ein Goldstück gegeben hatte, wagte nicht, weniger für die anderen zu bieten aus Angst, einen so guten Kunden zu verlieren. Als das Geld für die letzte Schüssel ausgegeben war, wollte Aladin das Tablett hernehmen, das allein zehnmal so viel wog wie eine Schüssel, und es zu einem ordentlichen Kaufmann tragen. Aber das große Gewicht hinderte ihn daran. Er war also gezwungen, den Juden zu suchen und ihn nach Hause zu führen. Als jener das Gewicht des Tabletts geprüft hatte, zählte er ihm augenblicklich zehn Goldstücke in die Hand, und Aladin war es zufrieden.
Die zehn Goldstücke wurden für die Ausgaben des täglichen Lebens verwendet. Aladin, der ein müßiges Leben gewohnt war, hatte jedoch nicht mehr mit den jungen Leuten seines Alters gespielt, seit er das Abenteuer mit dem Afrikanischen Zauberer erlebt hatte. Er ging tagelang spazieren oder

schwatzte mit Leuten, die er kennengelernt hatte. Manchmal ging er auch in die Läden vornehmer Kaufleute und hörte zu, was die eleganten Leute, die sich dort aufhielten, redeten. Und diese Gespräche vermittelten ihm nach und nach eine Ahnung von der Welt.

Als nichts mehr von den zehn Goldstücken übrig war, nahm er wieder Zuflucht zu der Lampe. Er hob sie auf und suchte die gleiche Stelle, die seine Mutter berührt hatte. Und weil er diese an dem hellen Fleck erkannte, den seine Mutter gewischt hatte, rieb er sie ebenfalls dort. Hierauf kam der gleiche Geist wie beim ersten Mal. Da Aladin die Lampe jedoch etwas sanfter gerieben hatte als seine Mutter, redete der Geist ihn auch in sanfterem Ton an und sprach dieselben Worte wie vorher: *«Was willst du? Ich bin bereit, dir und all jenen, die die Lampe in ihrer Hand halten, wie ein Sklave zu dienen; ich und auch alle anderen Sklaven der Lampe.»* Aladin sagte zu ihm: «Bring mir etwas zu essen.» Der Geist verschwand und erschien wenige Augenblicke später wieder mit einem Tafelservice, das genau so aussah, wie dasjenige, welches er das erste Mal gebracht hatte. Er stellte es neben das Sofa und verschwand sofort wieder.

Aladins Mutter, die von dem Vorhaben ihres Sohnes wußte, war extra ausgegangen, um einige Besorgungen zu machen, damit sie nicht zu der Zeit zu Hause sein mußte, in welcher der Geist erschien. Kurz nach seinem Erscheinen kam sie wieder nach Hause, sah die Tafel und das üppige Mahl und war fast genauso bestürzt über die wundersame Wirkung und Kraft der Lampe wie beim ersten Mal. Aladin und seine Mutter setzten sich zu Tisch, und nach der Mahlzeit blieb ihnen so viel übrig, daß sie die zwei folgenden Tage noch reichlich davon leben konnten. Sobald Aladin sah, daß weder Brot noch Lebensmittel noch Geld im Haus waren, um etwas zu kaufen, nahm er eine silberne Schüssel und suchte den Juden, um sie zu verkaufen. Als er dorthin ging, mußte er bei dem Laden eines Goldschmieds vorbei, der ein ehrlicher und frommer Mann hohen Alters war. Als der Goldschmied ihn sah, rief er ihn zu sich herein. «Mein Sohn», sagte er zu ihm, «ich habe Euch schon viele Male vorbeigehen sehen, ebenso beladen wie jetzt, und habe Euch mit einem bestimmten Juden reden sehen; hinterher seid Ihr jedesmal ohne Last zurückgekommen. Ich nehme an, daß Ihr jenem verkauft, was Ihr vorher getragen habt. Aber Ihr wißt vielleicht noch nicht, daß jener Jude ein Betrüger ist und daß niemand, der ihn kennt, etwas mit ihm zu tun haben will. Dies sage ich Euch nur, um Euch einen Gefallen zu tun. Wenn Ihr mir zeigt, was Ihr verkaufen wollt, so will ich es Euch redlich nach seinem wirklichen Wert abkaufen, wenn ich kann; wenn ich es aber nicht kann, so will ich Euch zu anderen Kaufleuten schicken, die Euch nicht betrügen werden.»

Die Hoffnung, mehr Geld für die Schüssel zu bekommen, veranlaßte Aladin, selbige unter seinem Rock hervorzuziehen und sie dem Goldschmied zu zeigen. Der Alte, der sofort sah, daß die Schüssel aus feinstem Silber war, fragte ihn, ob er genau solche Schüsseln an den Juden verkauft hätte und wie viele es gewesen seien. Aladin sagte es ihm treuherzig und auch, daß er für jede Schüssel von dem Juden nur ein Goldstück bekommen habe. «Ach! Das ist ein Dieb!» rief der Goldschmied. «Aber mein Sohn, was geschehen ist, ist geschehen, daran darf man nicht mehr denken. Wenn ich Euch aber zeige, was Eure Schüssel wirklich wert ist (denn sie ist aus bestem Silber, wie wir es in unserem Laden verkaufen), so werdet Ihr sehen, wie sehr Euch der Jude betrogen hat.» Der Goldschmied nahm die Waage, wog die Schüssel und erklärte Aladin, was eine Mark Silber sei, wieviel sie gelte und wie sie aufgeteilt werde. Dann sagte er ihm, daß die Schüssel ihrem Gewicht entsprechend 62 Goldstücke wert wäre, welche er ihm auch sofort auszahlte. «Seht», sagte er, «das ist der echte Wert für Eure Schüssel. Wenn Ihr daran zweifelt, so geht zu irgendeinem der hier ansässigen Goldschmiede, und wenn er Euch sagt, sie sei mehr wert, so verspreche ich Euch, sie doppelt zu bezahlen. Wir verdienen nicht mehr an solchen Sachen als den Macherlohn, und der gebührt noch nicht einmal den allerehrlichsten Juden.»

Aladin dankte dem Goldschmied sehr für seinen guten Rat, aus dem er so viel Nutzen gezogen hatte. Und künftig ging er immer zu ihm, wenn er die anderen Schüsseln und das Tablett verkaufen wollte; und immer wurde ihm der echte Wert nach Gewicht ausgezahlt. Obwohl Aladin und seine Mutter durch die Lampe eine unerschöpfliche Gold- oder Silberquelle besaßen, die sie immer benutzen

konnten, wann immer sie wollten, lebten sie doch stets genauso sparsam wie zuvor, nur daß Aladin noch so viel extra nahm wie er benötigte, um sich ehrbar zu kleiden und ebenso zu leben. Seine Mutter dagegen verbrauchte nichts extra, sondern kaufte ihre Kleider von dem Geld, das sie mit Baumwollspinnen verdiente. Bei so mäßiger Lebensführung kann man sich leicht vorstellen, wie lange das Gold, das sie für die zwölf Schüsseln und das silberne Tablett von dem Goldschmied erhielten, reichte. Sie lebten also etliche Jahre sorglos, denn die Lampe leistete Aladin von Zeit zu Zeit auch sonst gute Hilfe, wenn er sie brauchte.
Während dieser Zeit versäumte es Aladin nicht, fleißig die Versammlungen großer Persönlichkeiten in den Läden der vornehmsten Kaufleute, der Gold-, Silber-, Seiden- und Leinwandhändler zu besuchen, wo er sich unter die Menge mischte und manchmal an ihren Gesprächen teilnahm. Auf diese Weise schulte er seinen Verstand und lernte, sich recht artig zu benehmen. Vor allem brachten ihn die Juweliere von seiner irrigen Vorstellung ab, daß die durchsichtigen Früchte, die er in dem Garten gesammelt hatte, gefärbtes Glas wären. Er erfuhr vielmehr, daß sie Edelsteine von hohem Wert waren. Durch das Beobachten vieler Käufe und Verkäufe in jenen Läden eignete er sich so viel Wissen über solche Edelsteine an, daß er erkannte, welch unvorstellbaren Schatz er besaß. Denn weder an Größe noch an Schönheit konnten es irgendwelche der anderen mit den seinen aufnehmen. Er war klug genug, niemandem etwas davon zu sagen,

nicht einmal seiner Mutter; und zweifellos war es dieses Stillschweigen, daß ihm zu dem großen Glück verhalf, welches wir im folgenden beschreiben wollen.

Als er nun eines Tages in einem anderen Viertel der Stadt spazieren ging, hörte Aladin, wie man mit lauter Stimme den Befehl des Großsultans ausrief, alle Häuser und Läden seien zuzuschließen und jedermann müsse im Haus bleiben, bis seine Tochter, welche in das Bad gehen wollte, vorüber und wieder zurück sei. Dieses öffentliche Aufsehen weckte in Aladin das Verlangen, die Prinzessin mit eigenen Augen zu sehen. Weil die Prinzessin aber die Angewohnheit hatte, bei ihrem Gang zum Bade einen Schleier vor dem Gesicht zu tragen, mußte er, um seinen Wunsch zu erfüllen, eine besondere List anwenden, was ihm auch gelang. Er stellte sich nämlich unbemerkt hinter die Tür des Bades, die so eingehängt war, daß er von dort aus ihr Gesicht mit Sicherheit sehen mußte.

Aladin wartete nicht lange. Die Prinzessin kam, und er sah sie durch einen Spalt, der groß genug war, um seinen Blick auf sie zu werfen, ohne selbst gesehen zu werden. Sie wurde von vielen Hofdamen und Eunuchen begleitet. Als sie nur noch drei oder vier Schritte von der Tür des Bades entfernt war, nahm sie den Schleier ab, weil er ihr lästig war. So konnte Aladin sie ungehindert betrachten, da sie genau auf ihn zuging.

Bisher hatte Aladin keine anderen Frauen ohne Schleier gesehen als seine Mutter, die sehr alt war und in ihrem ganzen Leben sehr hart hatte arbeiten müssen, so daß er aus ihrem Gesicht kaum schließen konnte, daß andere Frauen schön waren. Er hatte wohl gehört, daß es Frauen von erstaunlicher Schönheit geben sollte, aber die Beschreibung solcher Schönheit, so gelungen sie auch sein mag, kann nie dieselbe Liebe in uns wecken wie die Schönheit, die man mit eigenen Augen sieht.

Als Aladin die Prinzessin Badroulboudour gesehen hatte, änderte er sehr schnell seine Vorstellung, alle Frauen müßten ungefähr aussehen wie seine Mutter. Seine Gefühle waren ganz durcheinander, und sein Herz konnte sich der Zuneigung zu dieser Person, die ihn sofort bezaubert hatte, nicht entziehen. In der Tat war die Prinzessin die schönste dunkelhaarige Frau der Welt. Sie hatte große, glänzende und lebhafte Augen, eine gerade Nase ohne Fehler, einen kleinen Mund mit rosenroten Lippen und insgesamt ein freundliches und angenehmes Äußeres. Mit einem Wort, alle Züge ihres Gesichtes waren von größter Vollkommenheit. Neben all dieser Vollkommenheit hatte die Prinzessin auch eine schöne Gestalt und eine majestätische Ausstrahlung, die wie selbstverständlich bei jedem Betrachter alle Ehrerbietung hervorrief, die ihr gebührte.

Als die Prinzessin in das Bad hineingegangen war, blieb Aladin eine ganze Weile lang vor Entzücken völlig unbeweglich stehen und grub sich das Bild dieser Person fest ins Gedächtnis ein. Endlich kam er wieder zu sich, und als er überlegte, daß er vergebens auf seinem Platz warten würde, um sie beim Hinausgehen noch einmal zu betrachten, weil sie dann verschleiert und nur von hinten zu sehen wäre, begab er sich nach Hause.

Zu Hause angekommen konnte er seine Verwirrung und seine Unruhe nicht vor seiner Mutter verbergen. Sie wunderte sich, als sie ihn ganz gegen seine Gewohnheit so traurig und in Gedanken versunken sah. Sie fragte ihn, ob ihm etwas Übles widerfahren oder ob er krank sei. Aber Aladin antwortete ihr nicht, sondern setzte sich traurig auf das Sofa und rief sich immer wieder das Bild der schönen Prinzessin Badroulboudour vor Augen. Seine Mutter richtete das Abendessen, ließ ihn für sich und fragte nicht weiter. Als es fertig war, stellte sie es neben ihn und setzte sich zu Tisch. Doch mußte sie ihn erst darauf aufmerksam machen, daß das Essen gerichtet sei, und er aß nur mit großem Zwang und viel weniger als sonst. Sein Schweigen war dabei so vollkommen, daß es seiner Mutter unmöglich war, ein einziges Wort aus ihm herauszulocken, sie mochte ihn fragen, was sie wollte. Und auch nach dem Essen wollte er ihr nicht das geringste Wort über die Ursache seines Kummers sagen, sondern legte sich betrübt zu Bett.

Wir wollen nicht beschreiben, wie Aladin die Nacht zubrachte. Wir wollen nur berichten, daß am anderen Tag, als er sich seiner Mutter gegenüber auf das Sofa setzte, die wie jeden Tag ihre Baumwolle spann, er folgende Worte zu ihr sprach: «Liebste Mutter, ich breche jetzt mein Stillschweigen, das ich seit meiner gestrigen Rückkehr aus der Stadt bewahrt habe. Es hat Euch Sorgen gemacht, was ich wohl bemerkt habe, denn ich war nicht krank

und bin es auch jetzt nicht. Jedoch kann ich Euch versichern, daß das, was ich empfinde, viel ärger ist als jede Krankheit. Ich weiß nicht, was es für ein Übel ist, aber ich zweifle, daß Ihr es kennt, selbst wenn ich es Euch beschreiben würde.
Man hat in diesem Viertel nicht gewußt, und also werdet auch Ihr es nicht erfahren haben, daß gestern die Tochter des Großsultans in das Bad ging. Ich vernahm diese Nachricht, als ich in der Stadt spazieren ging. Man rief den Befehl aus, alle Läden zu schließen und sich im Hause zu halten, bis die Prinzessin vorbei sei. Da ich nun gerade in der Nähe des Bades weilte, überfiel mich eine große Neugier, das Gesicht der Prinzessin zu sehen, und ich stellte mich hinter die Badetür. Ihr wißt, wie sie gebaut ist und könnt Euch vorstellen, wie gut ich die Prinzessin von dort aus sehen konnte. Und darin liegt die Ursache meines Zustandes, in dem ich gestern zu Euch kam. Ich liebe die Prinzessin mit so großer Macht, wie ich sie gar nicht ausdrükken kann. Und weil meine brennende Zuneigung sich von Augenblick zu Augenblick vergrößert, kann sie nicht eher befriedigt werden, bis ich die Prinzessin Badroulboudour besitze. Aus diesem Grund habe ich mich entschlossen, den Sultan um ihre Hand zu bitten.»
Aladins Mutter hatte ihrem Sohn aufmerksam zugehört bis zum letzten Wort. Als sie aber vernahm, was er vorhatte, konnte sie nicht umhin, ihm mit großem Gelächter ins Wort zu fallen. Aladin wollte weiterreden, aber sie unterbrach ihn erneut und sagte zu ihm: «Ach, mein Sohn! Was denkt Ihr

Euch? Ihr müßt den Verstand verloren haben, so zu sprechen.»
«Liebste Mutter», antwortete Aladin, «ich kann Euch versichern, daß ich keineswegs den Verstand verloren habe. Ich habe alle meine Sinne beisammen und wußte schon vorher, daß Ihr mich für närrisch und verrückt halten würdet. Aber das soll mich nicht daran hindern, Euch noch einmal zu versichern, daß ich den festen Entschluß gefaßt habe, um die Hand der Prinzessin Badroulboudour anzuhalten.»
«Wahrhaftig, mein Sohn», antwortete die Mutter sehr ernst, «ich muß sagen, Ihr vergeßt Euch; selbst wenn Ihr den festen Vorsatz habt, so wüßte ich nicht, wer die Werbung beim Sultan für Euch durchführen sollte und wer sich solches trauen würde.» «Ihr selbst», antwortete ihr der Sohn ohne Zögern. «Ich zum Sultan?» rief die Mutter erschrocken. «Ich werde mich wohl hüten, mich in eine solche Sache einzumischen. Und wer seid Ihr, mein Sohn», fuhr sie fort, «daß ihr die Kühnheit besitzt, des Sultans Tochter zu begehren? Habt Ihr denn vergessen, daß Ihr der Sohn eines armen kleinen Schneiders seid und einer Mutter, deren Vorfahren auch nicht von höherem Stande sind? Wißt Ihr, daß die Sultane ihre Töchter nicht einmal mit den Söhnen anderer Sultane verheiraten, es sei denn, es besteht die Aussicht, daß jene einmal regieren werden?»
«Liebste Mutter», antwortete Aladin, «ich habe Euch schon gesagt, daß ich alles, was Ihr mir jetzt vorhaltet, vorher gesehen habe. Und ich sage Euch

noch einmal, daß weder Eure Mahnungen noch Eure Ratschläge mich von meinem Plan abbringen werden. Ich habe Euch auch gesagt, daß ich die Prinzessin Badroulboudour durch Euch werben möchte. Das ist ein Gefallen, um den ich Euch mit aller Ehrerbietigkeit bitte, und ich flehe Euch an, ihn mir nicht abzuschlagen, wenn Ihr mich nicht sterben sehen wollt; denn nur dadurch gebt Ihr mir zum zweiten Male das Leben.» Aladins Mutter war sehr bestürzt, als sie sah, mit welchem Eigensinn Aladin auf seinem Vorhaben beharrte, das doch so wider jede Vernunft war. «Mein Sohn», sagte sie noch einmal zu ihm, «ich bin Eure Mutter, die Euch zur Welt gebracht hat und der darum nichts auf der Welt zu schwer ist, als daß sie es nicht für Euch tun würde. Deshalb würde ich auch gerne alles für Euch tun, solange es sich für Euch und mich ziemt. Wenn es irgendeine Heirat wäre, wenn Ihr die Tochter eines Nachbarn begehrtet, so würde ich nichts unversucht lassen und alles, was in meiner Macht steht, dazu beitragen. Jedoch wäre es auch dafür besser, Ihr hättet ein kleines Vermögen oder hättet ein Handwerk gelernt. Denn wenn arme Leute wie wir heiraten wollen, dann sollten sie als erstes darüber nachdenken, ob sie auch genügend zum Leben haben.

Ihr aber denkt weder an Euren niedrigen Stand noch an Euren geringen Verstand, sondern richtet Eure Gedanken gleich auf die höchste Stufe des Glückes. Aber der Sultan braucht nur ein Wort zu sagen, und schon seid Ihr völlig zerschmettert. Ich will gar nicht weiter reden von dem, was Euch betrifft, sondern komme nur zu dem, was mich angeht. Wie könnt Ihr von mir verlangen, daß ich bei dem Großsultan für Euch um die Hand seiner Tochter anhalte? Angenommen, ich hätte tatsächlich die Verwegenheit, mich vor Ihre Majestät hinzustellen – bei wem sollte ich mich wohl anmelden, damit er mich zum Sultan bringe? Glaubt Ihr nicht, daß der erste, den ich darum bitten würde, mich für eine Närrin halten und mich mit Schimpf und Schande, wie ich es auch verdient hätte, davon jagen würde? Doch selbst angenommen, ich hätte keine Schwierigkeit, zur Audienz beim Sultan vorgelassen zu werden – denn ich weiß, daß es nicht schwer ist, wenn man sich anmeldet, um Recht von ihm zu erbitten – glaubt Ihr denn, Ihr seid ein Mensch, der dieser Gnade würdig ist? Was habt Ihr denn für Euer Vaterland geleistet, worin habt Ihr Euch hervorgetan, um eine solch große Gnade zu verdienen? Wenn Ihr nichts getan habt, um eine solche Gnade zu verdienen und dieser nicht würdig seid, unter welchem Vorwand sollte ich dann eine solche begehren? Wie sollte ich es wagen, nur einmal den Mund aufzumachen und dem Sultan Euer Begehren vortragen? Seine Gegenwart und die Pracht des Hofes werden mich ohnehin verstummen lassen, habe ich doch bereits gezittert, wenn ich nur von Eurem Vater das Geringste erbitten mußte.

Außerdem habt Ihr einen weiteren Umstand nicht bedacht, mein Sohn: Daß man nämlich, wenn man eine Gnade vom Sultan erbitten möchte, ein Geschenk mitbringen muß. Die Geschenke haben den

Vorteil, daß der Sultan das Begehren wenigstens ohne Widerwillen anhört, selbst wenn die erbetene Gnade aus irgendeinem Grund abgeschlagen werden muß. Und was für ein Geschenk könntet Ihr schon mitbringen? Und selbst wenn Ihr etwas hättet, das einem so großen Monarchen würdig wäre, in welchem Verhältnis könnte es zu der Größe Eures Begehrens stehen? Geht in Euch und bedenkt, daß Ihr etwas Unmögliches verlangt.»

Aladin hörte alles ganz ruhig an, was seine Mutter vorbrachte, um ihn von seinem Vorhaben abzubringen. Und nachdem er alle Punkte reiflich überdacht hatte, sprach er endlich folgendermaßen zu ihr: «Ich gebe zu, liebste Mutter, daß es eine große Verwegenheit von mir ist, so hoch hinauszuwollen. Es war auch sehr unbedacht von mir, mit so großer Heftigkeit von Euch begehrt zu haben, ohne die nötigen Vorbereitungen vor den Monarchen zu treten, um für meine Heirat zu werben. Dafür bitte ich Euch um Verzeihung. Aber wundert Euch nicht, daß ich in der Hitze meiner Liebe nicht genügend bedacht habe, was ich tun muß, um meine ersehnte Ruhe zu finden. Ich liebe die Prinzessin Badroulboudour über alles, mehr, als Ihr Euch je vorstellen könnt, und bin immer noch fest entschlossen, sie zu heiraten. Ihr sagtet, daß es nicht üblich sei, sich ohne ein Geschenk zum Sultan zu begeben und daß ich nichts hätte, was seiner würdig wäre. Ihr habt ganz recht mit dem Geschenk und ich gebe zu, daß ich nicht daran gedacht habe. Was aber den Vorwurf angeht, ich hätte keines anzubieten, so glaubt mir, liebste

Mutter, daß die Steine, die ich Euch am Tag meiner glücklichen Heimkehr mitgebracht habe, den Sultan durchaus erfreuen werden. Ich hielt sie für gefärbtes Glas, aber jetzt weiß ich, daß es lauter Edelsteine von unschätzbarem Wert sind, wie sie nur großen Monarchen gebühren. Ich habe von ihrem Wert durch meine Besuche in den Juwelierläden erfahren, und Ihr könnt mir das aufs Wort glauben, liebste Mutter. All diejenigen, die ich bei den Diamantenhändlern und Juwelieren gesehen habe, waren in Größe und Schönheit nicht mit den unseren zu vergleichen, und wenn auch weder Ihr noch ich den genauen Wert unserer Steine kennt, so bin ich doch sicher, daß sie dem Sultan gefallen werden. Ihr habt eine recht große Porzellanschüssel, die sich eignet, um die Juwelen hineinzulegen. Bringt sie mir, wir wollen sehen, wie es wirkt, wenn man sie nach Farben sortiert hineinlegt.»
Aladins Mutter brachte die Porzellanschüssel. Aladin holte die Edelsteine aus den zwei Beuteln heraus und ordnete sie nach Farben ein. Die Wirkung, die sie bei dem hellen Tageslicht durch ihre unterschiedlichen Farben, durch ihren Glanz und ihr Strahlen erzielten, war so groß, daß Mutter und Sohn fast geblendet wurden. Beide waren recht erstaunt darüber, denn sie hatten sie vorher ja nur beim Schein der Lampe gesehen. Nachdem sie nun eine Zeit lang die Schönheit des Geschenkes bewundert hatten, fing Aladin an: «Liebste Mutter, jetzt habt Ihr keinen Grund mehr, den Gang zum Sultan abzulehnen. Hier ist ein Geschenk, durch das Ihr sehr freundlich aufgenommen werdet.»

Obgleich Aladins Mutter das Geschenk trotz seiner Schönheit und des Glanzes nicht für so wertvoll hielt wie ihr Sohn, glaubte sie doch, daß es wohl angenommen werden würde: In dieser Hinsicht konnte sie ihm nichts mehr vorhalten. Doch war sie immer noch sehr in Sorge und sagte: «Mein Sohn, ich glaube wohl, daß das Geschenk seine Wirkung tun und der Sultan mich gnädig empfangen wird. Aber wenn ich die Werbung aussprechen soll, wie Ihr es begehrt, so weiß ich doch, daß mir die Kraft dazu fehlt und ich sicher verstummen werde. Dadurch werde ich nicht nur den Gang vergeblich gemacht, sondern auch noch das Geschenk umsonst vergeben haben, das doch von so großem Wert ist. Dann muß ich beschämt nach Hause kommen und Euch mitteilen, daß Ihr in Eurer Hoffnung betrogen worden seid. Ich habe es Euch schon einmal gesagt und Ihr dürft mir glauben, daß es mit Sicherheit so kommen wird. Dennoch», fuhr sie fort, «will ich mich dazu zwingen und versuchen, Euren Wunsch zu erfüllen.»
Aladins Mutter führte noch viele Gründe an, die ihren Sohn von seinem Vorhaben abbringen sollten, aber die Prinzessin Badroulboudour hatte sein Herz so sehr betört, daß er davon nicht lassen wollte. Schließlich überwand sie sich sowohl aus Liebe als auch aus Angst, er könnte sonst irgendetwas Gefährliches unternehmen, und willigte in sein Verlangen ein. Da es bereits sehr spät geworden und die Zeit, um in den Palast des Sultans zu gehen, verstrichen war, wurde die Sache auf den nächsten Tag verschoben.

Der Sohn und die Mutter redeten den ganzen Tag lang über nichts anderes mehr, und Aladin bemühte sich, seine Mutter immer wieder in ihrem Entschluß zu bestärken. Aber sie wollte sich nicht davon überzeugen lassen, daß ihr das Vorhaben jemals gelingen werde. Und man muß zugeben, daß sie Grund genug hatte, daran zu zweifeln. «Mein Sohn», sagte sie zu Aladin, «wenn mich der Sultan so gnädig empfängt, wie ich Euch zu liebe wünschte, und auch meinen Antrag ruhig anhört, mich aber fragt, wo Eure Güter und Reichtümer sind, was ihn sicher als erstes interessieren wird, bevor er über Eure Person etwas wissen will, was soll ich ihm dann antworten?» «Liebste Mutter», antwortete Aladin, «laßt uns nicht vorher schon den Kopf über eine Sache zerbrechen, die vielleicht gar nicht eintreten wird. Laßt uns erst sehen, wie uns der Sultan empfangen wird. Und wenn er tatsächlich all das wissen will, was Ihr mir eben vorgehalten habt, so will ich Euch dann sagen, was Ihr ihm antworten sollt. Ich verlasse mich fest auf meine Lampe, durch die wir schon etliche Mal ernährt worden sind und die mich in meiner Not nicht verlassen wird.» Darauf wußte die Mutter nichts zu antworten. Sie überlegte, daß diese Lampe ihm sowohl zu wunderbaren Dingen als auch zum Lebensunterhalt dienen konnte. Das beruhigte sie und beseitigte alle Zweifel, die sie noch von dem Dienst, den sie ihrem Sohn versprochen hatte, hätten abhalten können. Aladin, der die Gedanken seiner Mutter erriet, sagte zu ihr: «Liebste Mutter, nehmt Euch nur ja in Acht, dieses Geheimnis für

Euch zu behalten, denn davon hängt der ganze Erfolg in dieser Sache ab.» Hierauf trennten sich Mutter und Sohn und begaben sich zur Ruhe. Aber die große Liebe und die lebhaften Vorstellungen von dem bevorstehenden Glück hinderten Aladin daran, die Nacht so ruhig zu verbringen, wie er es wünschte. Er stand vor Tagesanbruch auf und weckte sogleich seine Mutter. Er nötigte sie, sich so rasch wie möglich anzukleiden, damit sie gleich als erste an der Pforte des Sultanspalastes stünde, wenn diese geöffnet und auch der Groß-Wesir, die Offiziere und alle Staatsbediensteten eingelassen würden.

Aladins Mutter tat alles, wie er es wünschte. Sie nahm die Porzellanschüssel mit den Juwelen, wikkelte sie in doppelte Leinwand und band alle vier Ecken zusammen, damit sie es besser tragen konnte. Endlich ging sie zu Aladins Befriedigung fort und machte sich auf den Weg zum Sultanspalast. Der Groß-Wesir und die anderen Wesire sowie die vornehmsten Herren des Hofes waren schon hinein gegangen, als sie die Pforte erreichte.

Der Andrang all jener, die zum Divan vorgelassen werden wollten, war ungemein groß. Endlich öffnete man die Pforte erneut und sie ging mit dem Volk bis vor den Divan, der ein sehr schöner, langer und breiter Saal mit prächtigen Eingangstüren war. Sie stand ganz still und stellte sich so hin, daß sie den Sultan, den Groß-Wesir und die Ratsherren, die rechts und links davon saßen, gut sehen konnte. Man rief die streitenden Parteien eine nach der anderen auf, je nach Anliegen, die sie eingereicht hatten, und die Fälle wurden verlesen. Man stritt und richtete, bis die normale Sitzungszeit des Divans vorüber war. Danach stand der Sultan auf, entließ die Ratsherren und ging wieder in sein Zimmer, wohin ihm der Groß-Wesir folgte. Die anderen Wesire aber und die Ratsherren gingen nach Hause. Und alle diejenigen, die wegen Streitsachen dort gewesen waren, taten das gleiche, einige vergnügt über ihren gewonnenen Prozeß, andere aber mißvergnügt über das gegen sie ausgesprochene Urteil und wieder andere in der Hoffnung, daß ihre Sache an einem anderen Sitzungstag behandelt werde.

Aladins Mutter, die den Sultan aufstehen und weggehen sah, nahm an, daß er wohl kein zweites Mal erscheinen würde, und da sie auch alle anderen Leute fortgehen sah, machte sie sich auf den Weg nach Hause. Aladin, der sie mit dem Geschenk zurückkommen sah, wußte zunächst nicht, was er davon halten sollte. Aus Angst, sie könnte ihm schlechte Nachricht bringen, traute er sich nicht, seine Mutter nach dem Erfolg ihrer Reise zu fragen. Die gute, ehrliche Frau, die noch nie zuvor einen Fuß in den Palast des Sultans gesetzt und keine Vorstellung davon hatte, wie es normalerweise dort zuging, erlöste ihn aus seiner Verwirrung, indem sie voller Einfalt zu ihm sagte: «Mein Sohn, ich habe den Sultan gesehen und bin sicher, daß er auch mich gesehen hat. Ich stand vor ihm, und niemand hat mich daran gehindert ihn anzusehen. Aber er war so damit beschäftigt, die Leute anzuhören, die von rechts und links auf ihn einredeten, daß er mir recht leid tat. Das dauerte alles sehr lange, bis es ihm, wie mir schien, leid wurde und er wegging. Und viele Leute, die in der Reihe darauf warteten, angehört zu werden, konnten ihre Sache nicht mehr vorbringen. Mir war das jedoch ganz recht, denn ich fing an, die Geduld zu verlieren und wurde auch ungemein müde, weil ich so lange stehen mußte. Aber damit ist noch gar nichts verloren, denn ich will morgen wieder hingehen; vielleicht hat der Sultan dann nicht so viel zu tun.»

Obgleich Aladin in seiner Verliebtheit sehr ungeduldig war, mußte er sich mit dieser Erklärung zufrieden geben. Wenigstens sah er mit Genugtuung, daß seine Mutter die allerschwerste Sache hinter sich gebracht hatte, nämlich den Anblick des Sultans zu ertragen. Daher hoffte er, daß es ihr auch nicht die Sprache verschlagen würde, wenn sie die Gelegenheit bekam, mit dem Sultan zu sprechen und ihr Anliegen vorzubringen.

Am nächsten Tag ging Aladins Mutter genauso früh wie am Vortag zum Sultanspalast und trug das Juwelengeschenk bei sich. Aber ihr Gang war wieder vergebens. Sie fand das Tor zum Divan verschlossen und erfuhr, daß der Rat nur alle zwei Tage zusammentrat und mußte also am nächsten Tag wiederkommen. Sie überbrachte diese Nachricht ihrem Sohn, der sich noch länger gedulden mußte. An den besagten Tagen ging sie noch sechsmal hin und stellte sich immer genau vor den Sultan, aber jedesmal mit genauso wenig Erfolg wie beim ersten Mal. Vielleicht wäre sie noch hundertmal vergebens hingegangen, wenn der Sultan, der sie bei jeder Ratssitzung erneut dort stehen sah, sie nicht wahrgenommen hätte. Das ist um so wahrscheinlicher, als nur diejenigen dem Sultan ihr Anliegen vortragen durften, die ein schriftliches Gesuch eingereicht hatten, was bei Aladins Mutter nicht der Fall war.

Als am siebten Tag schließlich der Sultan wieder in seinem Zimmer war, sagte er zu seinem Groß-Wesir: «Ich bemerke schon seit einiger Zeit eine Frau, die immer an den Ratstagen kommt und etwas in ein Leinentuch eingewickelt bei sich trägt. Sie bleibt jedesmal vom Anfang der Audienz bis zum Ende dort und bemüht sich, genau vor mir zu stehen. Wißt Ihr, was sie will?» Der Groß-Wesir, der genauso wenig von ihr wußte wie der Sultan, wollte dennoch keine Antwort schuldig bleiben und sagte: «Allergnädigster Herr, Ihr wißt ja, daß die Weiber des öfteren Klagen über unwichtige Dinge anbringen wollen. Diese kommt vielleicht und will sich bei Ihrer Majestät darüber beklagen, daß man ihr schlechtes Mehl verkauft hat oder ähnlich Unwichtiges.» Dem Sultan war diese Antwort nicht genug und er sagte: «Hört zu, bei der nächsten Ratssitzung laßt diese Frau, wenn sie wieder da ist, sofort aufrufen; ich will anhören, was sie verlangt.» Der Groß-Wesir antwortete darauf nicht, sondern neigte nur sein Haupt und legte die Hände auf den Kopf zum Zeichen, daß er diesen eher abschlagen lassen würde, ehe er sich dem Befehl seines Herren widersetze.

Aladins Mutter ging wie gewohnt am nächsten

Ratstag in den Palast und stellte sich vor den Sultan. Der Groß-Wesir hatte noch nicht mit seinen einleitenden Worten begonnen, als der Sultan die Frau gewahr wurde und sprach: «Seht hier die Frau, von welcher ich Euch vorgestern sprach. Laßt sie vorkommen, wir wollen mit ihrer Anhörung den Anfang machen.» Hierauf gab der Groß-Wesir dem Türhüter, der vor den wartenden Leuten stand, ein Zeichen und befahl ihm, die Frau vor den Sultan zu führen.
Der Türhüter bedeutete Aladins Mutter, ihm bis zum Fuße des Throns zu folgen, wo er sie stehen ließ, um wieder an seinen Platz zurückzukehren. Aladins Mutter folgte dem Beispiel der Leute, die sie vorher beobachtet hatte, bückte sich, legte die Stirn auf die unterste Stufe des Thrones und blieb in dieser Haltung so lange knien, bis der Sultan ihr befahl aufzustehen. Sie stand auf und der Sultan sagte zu ihr: «Liebe Frau, ich beobachte nun schon eine ganze Weile, daß ihr immer wieder vor meinen Divan kommt und von Anfang bis Ende der Ratssitzung dort stehen bleibt. Welche Angelegenheit bringt Euch hierher?»
Aladins Mutter bückte sich erneut auf den Boden, als sie diese Worte vernahm, und nachdem sie wieder aufgestanden war, sprach sie: «König aller Könige, bevor ich Eurer Majestät die merkwürdige, ja fast unglaubliche Bitte vortrage, die mich vor Euren Thron nötigt, bitte ich Sie, meine Kühnheit, um nicht zu sagen Verwegenheit zu verzeihen, daß ich überhaupt eine solche Sache anzubringen wage. Sie ist so ungewöhnlich, daß ich zittere und mich

schäme, sie meinem Sultan vorzutragen.» Damit sie nun ungehindert sprechen könnte, befahl der Sultan, alle Leute aus dem Divan hinauszuschicken, und ihn mit seinem Groß-Wesir und der Frau allein zu lassen. Als dies geschehen war, befahl er ihr, sich nun ohne Furcht zu äußern.

Aladins Mutter gab sich aber mit dieser Gnade des Sultans noch nicht zufrieden, die ihr doch die Angst genommen hatte, ihr Anliegen öffentlich aussprechen zu müssen. «Allergnädigster Herr», sagte sie, «ich bitte Eure Majestät, daß Sie mir auch Verzeihung und Gnade zusichern, falls mein Begehren Sie in irgend einer Weise beleidigen sollte.» Der Sultan erwiderte: «Es mag sein, was es will, ich verzeihe dir von Anfang an; es soll dir nicht das geringste Übel widerfahren. Rede nun frei, was dich bedrückt.»

Als Aladins Mutter all diese Vorsichtsmaßnahmen getroffen hatte, erzählte sie dem Sultan getreulich, bei welcher Gelegenheit Aladin die Prinzessin Badroulboudour gesehen und welche Wirkung der Blick auf sie bei ihm gehabt hatte. Sie berichtete, wie sie selbst mit allen Mitteln versucht habe, ihren Sohn von seiner Leidenschaft abzubringen.

«Aber», so fuhr sie fort, «statt seine Vermessenheit einzusehen, blieb er fest und unerschütterlich dabei und drohte sogar mit einer Verzweiflungstat, wenn ich mich weigern sollte, bei Eurer Majestät um die Hand der Prinzessin anzuhalten. Und trotzdem bin ich nur mit allergrößtem Widerstreben seinem Wunsch nachgekommen. Ich bitte also Eure Majestät noch einmal untertänigst, mir Gnade widerfah-

ren zu lassen, und nicht nur mir, sondern auch Aladin, meinem Sohn, der die Verwegenheit besessen hat, eine so hohe Vermählung anzustreben.»
Der Sultan hörte die ganze Rede mit großer Sanftmut und Güte an, ohne den geringsten Zorn oder Unmut zu zeigen und ohne Zeichen, daß er das Ganze als Scherz auffassen würde. Ehe er aber der guten Frau antwortete, fragte er sie, was sie denn in dem Leinentuch mit sich trüge. Daraufhin hob sie sofort die Porzellanschüssel auf, die sie an den Fuß des Thrones gestellt hatte, wickelte sie aus dem Tuch aus und reichte sie dem Sultan.
Man kann das Erstaunen und die Bewunderung nicht beschreiben, mit der der Sultan die vielen schönen, kostbaren, vollkommenen und strahlenden Edelsteine betrachtete, die er in solcher Größe noch nie gesehen hatte. Ja, er war so erstaunt, daß er die Steine eine ganze Weile völlig regungslos betrachtete. Nachdem er wieder zu sich gekommen war, nahm er das Geschenk aus den Händen von Aladins Mutter und rief voller Freude: «Ach, wie schön, wie edel sie sind!» Und als er jeden Stein einzeln bewundert, aufgehoben und nach seinem Wert geschätzt hatte, wandte er sich zu seinem Groß-Wesir und sagte, indem er ihm das Gefäß zeigte: «Sieh her und gib zu, daß es nichts Kostbareres und Vollkommeneres auf der Welt gibt.» Dem Groß-Wesir gefiel das Geschenk außerordentlich. «Nun, was sagst du dazu?» fuhr der Sultan fort. «Ist es meiner Tochter, der Prinzessin, nicht wert? Kann ich sie in einem solchen Fall nicht dem geben, der um sie bei mir anhalten läßt?»

Diese Worte versetzten den Groß-Wesir in seltsame Erregung. Der Sultan hatte ihm nämlich vor einiger Zeit zu verstehen gegeben, daß er willens sei, die Prinzessin mit seinem eigenen Sohn zu vermählen. Deshalb fürchtete er, und das nicht ohne Grund, daß der Sultan durch ein so kostbares und außergewöhnliches Geschenk geblendet, seine Meinung ändern könnte. Er näherte sich daher dem Sultan und flüsterte ihm ins Ohr: «Allergnädigster Herr, man kann nicht leugnen, daß dieses Geschenk der Prinzessin würdig sei. Allein ich bitte Eure Majestät untertänigst, mir drei Monate Zeit zu geben, ehe Sie sich endgültig entschließen. In dieser Zeit hoffe ich, daß mein Sohn, den Sie Ihrer eigenen gnädigen Versicherung nach als Schwiegersohn in Betracht gezogen haben, Euch ein noch kostbareres Geschenk wird verehren können als Aladin, den Ihr zudem nicht einmal kennt.» Obwohl nun der Sultan sicher war, daß sein Groß-Wesir unmöglich ein noch kostbareres Geschenk würde aufbringen können, hörte er ihn doch in Ruhe an und gewährte ihm diese Gnade. Danach wandte er sich wieder Aladins Mutter zu und sagte: «Geht nun hin, gute Frau, kehrt nach Hause zurück und sagt Eurem Sohn, daß ich Euren Antrag, den Ihr in seinem Namen gemacht habt, annehme. Sagt ihm aber zugleich, daß ich meine Tochter nicht eher vermählen kann, bevor ich ihr eine Aussteuer habe machen lassen, die erst in drei Monaten fertig sein wird. Kommt dann wieder und meldet Euch bei mir.»
Aladins Mutter kehrte also voller Freude nach Hause, weil sie nicht nur entgegen allen Erwartun-

gen vom Sultan angehört worden war, sondern auch noch eine solch günstige Antwort erhalten hatte, die sie niemals für möglich gehalten hatte. Zwei Umstände ließen Aladin vermuten, daß seine Mutter gute Nachrichten brachte: Zum einen kam sie früher als sonst nach Hause, zum anderen ging sie mit fröhlichem und unverschleierten Gesicht einher. «Wie steht es, liebste Mutter, kann ich hoffen oder muß ich vor Verzweiflung sterben?» Als sie Ihren Schleier abgelegt und sich mit ihm zusammen auf das Sofa gesetzt hatte, sagte sie daraufhin: «Mein Sohn, damit Ihr nicht allzu lange im Ungewissen bleiben müßt, so will ich Euch gleich zu Anfang sagen, daß Ihr, anstatt ans Sterben zu denken, höchsten Grund habt, fröhlich zu sein.» Und sie erzählte ihm, auf welche Art und Weise sie Audienz erhalten hatte – weshalb sie auch schon so zeitig wieder zurück sei –, unter welchen Vorsichtsmaßnahmen sie dem Sultan den Heiratsantrag für ihren Sohn gemacht und welch günstige Antwort ihr der Sultan selbst gegeben hatte. Sie berichtete auch, daß nach ihrem Eindruck vor allem das Geschenk eine starke Wirkung ausgeübt und ihn zu seiner gnädigen Antwort veranlaßt habe. «Ich glaube das um so mehr», fügte sie hinzu, «weil ihm der Groß-Wesir etwas ins Ohr flüsterte, bevor er mir diese Antwort gab, und ich befürchtete schon, jener würde ihn von seiner guten Meinung über Euch abbringen.» Nach dieser guten Nachricht hielt Aladin sich für den glücklichsten Mann auf der Welt. Er bedankte sich daher sehr bei seiner Mutter für alle Mühe, die sie sich mit den vielen

Gängen seinetwegen gemacht hatte. Und obwohl ihm angesichts seiner großen Leidenschaft drei Monate sehr lang erschienen, fügte er sich doch in das Warten, da er sich auf das Wort des Sultans verließ.

Während er so nicht nur die Stunden, Tage und Wochen, sondern jeden Augenblick bis zum Ende der gesetzten Frist zählte, vergingen zwei Monate, als eines Abends Aladins Mutter die Lampe anzünden wollte und kein Öl mehr vorrätig war. Sie machte sich also auf den Weg, um welches zu kaufen, und geriet dabei weit in die Stadt hinein. Je weiter sie ging, desto mehr Anzeichen erblickte sie für ein großes Fest. Tatsächlich standen alle Läden offen, die doch längst geschlossen sein sollten, und überdies waren sie alle mit grünen Zweigen geschmückt und hell erleuchtet. Jeder schien darauf bedacht, sein Haus mit größerer Pracht zu schmükken als die anderen, um dadurch seine Freude zu zeigen. Mit einem Wort, alle Leute waren überaus lustig und vergnügt. In den Straßen selbst konnte man kaum vorankommen, weil so viele Diener in Festkleidung die kostbar geschmückten Pferde spazieren führten. Daher fragte sie den Kaufmann, bei dem sie ihr Öl holte, was das alles zu bedeuten habe. «Ei, wo kommt Ihr denn her, gutes Weib?» fragte er sie. «Wißt Ihr nicht, daß sich der Sohn des Groß-Wesirs heute abend mit der Prinzessin Badroulboudour, der Tochter des Sultans, vermählt? Jetzt wird sie bald aus dem Bad kommen und die Diener, die Ihr dort gehen seht, versammeln sich,

um sie bis zum Palast zu begleiten, wo die Hochzeitszeremonie stattfinden soll.»
Aladins Mutter wollte nicht mehr davon hören, sondern ging so rasch wieder heim, daß sie völlig außer Atem ins Haus trat. Dort wartete ihr Sohn, der nichts weniger als eine so schlimme Nachricht erwartet hatte. «Mein Sohn», rief sie, «für Euch ist alles verloren. Ihr habt Euch auf die Versprechungen des Sultans verlassen, aber daraus wird nichts.» Aladin, der diese Worte bestürzt anhörte, fragte die Mutter: «Weshalb, liebste Mutter, sollte der Sultan sein Wort nicht halten? Woher wißt Ihr das?» «Heute abend», erzählte die Mutter, «wird sich der Sohn des Groß-Wesirs mit der Prinzessin Badroulboudour im Palast vermählen.» Und sie berichtete ihm, was sie in der Stadt gesehen und gehört hatte und zwar mit so vielen Einzelheiten, daß er an ihren Worten nicht zweifeln konnte.
Auf diese Nachricht hin erstarrte Aladin, als wäre er vom Blitz getroffen; aber von Eifersucht getrieben hielt es ihn nicht lange in dieser Position, sondern er erinnerte sich an die Lampe, die ihm schon so oft nützlich gewesen war. Ohne sich in langen Verwünschungen gegen den Sultan, gegen den Groß-Wesir oder gegen dessen Sohn aufzuhalten, sagte er daher zu seiner Mutter: «Liebste Mutter, vielleicht wird der Sohn des Groß-Wesirs heute nacht nicht so glücklich sein, wie er hofft. Während ich jetzt in meine Kammer gehe, bereitet uns doch das Abendessen.»
Diesen Worten entnahm Aladins Mutter, daß er sich der Lampe bedienen wollte, um zu verhindern,

daß die Heirat wirklich vollzogen wurde; und sie täuschte sich nicht. Aladin holte in seiner Kammer die Lampe hervor und rieb sie an der üblichen Stelle. Augenblicklich erschien der Geist und sagte zu ihm: *«Was willst du? Ich bin bereit, dir und all jenen, die die Lampe in ihrer Hand halten, wie ein Sklave zu dienen; ich und auch alle anderen Sklaven der Lampe.»* Darauf antwortete Aladin: «Höre, du hast mir zwar bisher immer etwas zu essen gebracht, wenn ich es brauchte, jetzt aber geht es um eine viel wichtigere Sache. Ich habe nämlich um die Hand der Prinzessin Badroulboudour, der Tochter des Sultans, angehalten, die er mir auch versprochen hat; allerdings bat er um drei Monate Zeit bis zur Hochzeit. Aber statt sein Versprechen zu halten, vermählt er sie vor Ablauf der erbetenen Zeit heute abend mit dem Sohn des Groß-Wesirs. Deshalb verlange ich von dir, daß du den Bräutigam und die Braut entführst, sobald sie sich zu Bett gelegt haben, und sie mitsamt dem Bett hierher bringst.» *«Mein Herr und Meister»*, antwortete der Geist, *«ich will dir sofort gehorchen. Hast Du mir sonst noch etwas zu befehlen?»* «Für dieses Mal nichts weiter», erwiderte Aladin. Darauf verschwand der Geist. Nach dieser Unterredung ging Aladin wieder zu seiner Mutter, aß mit so viel Appetit zu Abend wie immer und unterhielt sich über die Heirat auf eine Art, als kümmere sie ihn nicht mehr. Anschließend ging er in seine Kammer und riet seiner Mutter, sich schlafen zu legen. Er selbst aber ging nicht zu Bett, sondern wartete auf die Rückkehr des Geistes.

Währenddessen war im Palast des Sultans alles mit großer Pracht für die Hochzeit der Prinzessin vorbereitet worden, und die Feierlichkeiten mit ihren Zeremonien und Spielen zogen sich bis weit in die Nacht hinein. Als aber alles zu Ende war, verschwand der Sohn des Groß-Wesirs auf das Zeichen des Obereunuchen hin, der ihn zum Zimmer seiner Braut führte. Dort legte er sich als erster in das Hochzeitsbett, und kurze Zeit später führte die Sultanin die Braut in Begleitung aller Hofdamen ebenfalls in das Zimmer. Und obwohl sich die Prinzessin wie alle Bräute ziemlich wehrte, half ihr alles nichts, sie wurde von der Sultanin entkleidet und fast mit Gewalt in das Bett gelegt. Nachdem die Sultanin ihr eine gute Nacht gewünscht hatte, begab sie sich mit allen ihren Frauen fort, und die letzte, die hinaus ging, schloß die Tür zu.
Kaum aber war das Zimmer verschlossen, als der Geist gemäß seinem Befehl die beiden Brautleute zu ihrem größten Erstaunen mitsamt dem Bett entführte, ohne dem Bräutigam auch nur Zeit für die geringste Zärtlichkeit zu lassen. Schon einen Augenblick später setzte er die beiden in Aladins Kammer ab.
Da nun Aladin diesen Augenblick so sehnlich erwartet hatte und es nicht ertragen konnte, daß der Sohn des Groß-Wesirs auch nur einen Moment länger neben der Prinzessin liegen blieb, sagte er zu dem Geist: «Nimm den Bräutigam und stecke ihn in das Geheimzimmer, morgen früh komme dann etwas vor Tagesanbruch zurück.» Der Geist hob also den Sohn des Groß-Wesirs fort und trug ihn im

Hemd zu dem angewiesenen Ort, wo er ihn von Kopf bis Fuß mit einem so scheußlichen Atem anhauchte, daß er sich nicht von der Stelle rühren konnte.

Als Aladin mit der Prinzessin allein war, hielt er keine weitschweifigen Reden, sondern sagte mit liebevollem Blick: «Fürchtet Euch nicht, anbetungswürdige Prinzessin, Ihr seid hier in Sicherheit. Denn auch wenn meine Liebe zu Euch noch so heftig ist, so wird sie mich doch nie dazu verleiten, die Grenzen des tiefen Respekts, den ich für Euch empfinde, zu überschreiten. Wenn ich zu dieser außergewöhnlichen Handlungsweise gezwungen worden bin, so ist es doch keinesfalls geschehen, um Euch zu beleidigen, sondern allein um zu verhindern, daß Euch entgegen dem Versprechen Eures Vaters, der mir sein Wort gegeben, ein anderer Mann besitzt.»

Aber die Prinzessin, die von jenen Umständen nichts wußte, hörte kaum auf Aladins Worte. Sie war ohnehin außerstande, ihm zu antworten, da sie vor Schrecken und Bestürzung über diesen erstaunlichen Vorfall gänzlich verstummt war. Trotzdem beschloß Aladin, sich zu entkleiden und sich an die Stelle des Bräutigams zu legen. Er kehrte ihr aber den Rücken zu und legte zur Vorsicht auch noch einen Säbel zwischen sich und die Prinzessin, als Zeichen dafür, daß er damit bestraft sein wolle, wenn er durch sein Verhalten ihre Ehre verletzen sollte. Weil Aladin sehr vergnügt war, den Nebenbuhler um sein erwartetes Glück gebracht zu haben, schlief er sehr ruhig. Ganz anders verhielt es sich damit bei der Prinzessin, die in ihrem ganzen Leben noch keine so schreckliche und unangenehme Nacht wie diese verbracht hatte. Und wenn man an den Ort und die Umstände denkt, unter denen der Geist den Sohn des Groß-Wesirs zurückgelassen hatte, so kann man sich ohne Schwierigkeiten vorstellen, daß jener eine noch furchtbarere Nacht verbrachte.

Am nächsten Morgen zur festgesetzten Stunde erschien der Geist wieder und sagte zu Aladin, der sich gerade ankleidete: *«Hier bin ich. Was hast du mir zu befehlen?»* «Geh hin, hole den Sohn des Groß-Wesirs, lege ihn wieder hier in das Bett und trage es in den Palast, von wo du es geholt hast.» Der Geist tat, wie ihm befohlen, während Aladin den Säbel wieder an sich nahm. Dabei ist anzumerken, daß weder die Prinzessin noch der Sohn des Groß-Wesirs den Geist je wahrnehmen konnten, bei dessen Anblick sie ohnehin vielleicht vor Schreck gestorben wären. Ja, sie konnten noch nicht einmal hören, wie Aladin mit ihm sprach, sondern merkten nichts als die Bewegung des Bettes und daß sie von einem Ort zum anderen getragen wurden, was ausreichte, sie in Angst und Schrecken zu versetzen.

Kaum aber hatte der Geist das Bett an seinen Platz gestellt, als schon der Sultan in das Zimmer trat, um zu hören, wie seine Tochter die Hochzeitsnacht zugebracht hatte und ihr einen guten Morgen zu wünschen. Der Sohn des Groß-Wesirs, der vor Kälte noch ganz erstarrt war und keine Zeit gehabt hatte, sich wieder aufzuwärmen, stand auf, sobald

er die Tür gehen hörte, und begab sich in sein Ankleidezimmer.
Der Sultan näherte sich dem Bett, küßte die Prinzessin wie gewöhnlich zwischen die Augen, wünschte ihr einen guten Morgen und fragte lächelnd, wie es ihr ginge. Als er jedoch aufsah und sie aufmerksam betrachtete, war er höchst erstaunt, sie in großer Schwermut zu finden. Und weder eine leichte Röte, die ihr ins Gesicht steigen konnte, noch sonst ein Zeichen wiesen auf ein geheimes Einvernehmen hin, sondern sie sah ihn so traurig und auf so merkwürdige Art an, daß er daraus nur Betrübnis oder Mißvergnügen ablesen konnte. Er sagte zwar noch einige Worte zu ihr, aber als er merkte, daß er vielleicht aus Scham nichts weiter von ihr erfahren würde, ging er fort. Trotzdem überlegte er, daß vielleicht etwas Außergewöhnliches geschehen sei, begab sich ohne Zögern in das Zimmer der Sultanin und erzählte ihr, in welchem Zustand er seine Tochter angetroffen hatte. Die Sultanin aber antwortete ihm: «Eure Majestät sollte sich nicht darüber wundern, denn es gibt keine Braut, die nicht am Tag nach ihrer Hochzeit eben solche Zurückhaltung zeigt. In zwei, drei Tagen wird das ganz anders sein, und sie wird ihren Vater so empfangen, wie es sich gebührt. Ich werde zu ihr gehen», fügte sie hinzu, «und es sollte mich wundern, wenn sie mich nicht genauso empfängt.»
Nachdem die Sultanin angezogen war, begab sie sich in das Zimmer der Prinzessin, welche jedoch noch nicht aufgestanden war. Also näherte sie sich dem Bett und wünschte ihr mit einer mütterlichen

Umarmung guten Morgen. Aber ihre Verwunderung war groß, als sie nicht nur keine Antwort erhielt, sondern auch noch feststellen mußte, daß ihre Tochter völlig verwirrt war, als sei ihr etwas widerfahren, was sie nicht verstand. «Meine Tochter», sagte die Sultanin, «wie kommt es, daß Ihr meine Zärtlichkeit so unmutig erwidert? Müßt Ihr Eurer Mutter gegenüber denn so viel Aufhebens machen? Oder zweifelt Ihr daran, daß ich um die Dinge, die Euch letzte Nacht widerfahren sind, weiß? Ich glaube allerdings, daß Ihr keine solchen Gedanken hegt, darum muß Euch etwas anderes geschehen sein. Erzählt es mir ehrlich und laßt mich nicht länger in dieser Ungewißheit, die mich ganz bedrückt.»

Endlich brach die Prinzessin Badroulboudour ihr Schweigen mit einem tiefen Seufzer. «Ach gnädigste Frau und hochverehrte Mama!» rief sie. «Vergebt mir, wenn ich es Euch gegenüber an Ehrerbietung habe fehlen lassen, aber meine Gedanken sind mit ganz außergewöhnlichen Dingen, die ich letzte Nacht erlebt habe, so beschäftigt, daß ich mich von meinem Schrecken noch immer nicht ganz erholt habe und nur mit Mühe wieder zu mir selbst finde.» Darauf schilderte sie ihr in den lebhaftesten Farben, wie das Bett plötzlich weg- und in eine dunkle, unsaubere Kammer getragen worden sei, wo sie von ihrem Mann getrennt worden sei, ohne daß sie wußte, wo er hingekommen war, wie sie dort einen jungen Mann getroffen habe, der, nachdem er einige Worte zu ihr gesprochen hatte, die sie vor lauter Schrecken nicht hatte

verstehen können, sich an die Stelle ihres Gemahls gelegt habe, wobei er vorher einen Säbel zwischen sich und sie selbst plaziert habe: wie am nächsten Morgen ihr Gemahl wieder neben sie gelegt und das Bett an seinen gewohnten Platz gestellt worden sei. «All das», setzte sie hinzu, «war gerade erst geschehen, als mein Vater, der Sultan, ins Zimmer kam. Und ich war noch so voller Entsetzen, daß ich nicht die Kraft hatte, ihm ein einziges Wort zu antworten. Ich bin daher sicher, daß er ärgerlich sein wird über die Art, mit der ich die Ehre seines Besuches aufgenommen habe. Aber ich hoffe, er wird mir verzeihen, wenn er von meinem traurigen Erlebnis und meinem elenden Zustand erfährt.»
Obwohl die Sultanin alles, was die Prinzessin erzählte, ruhig angehört hatte, wollte sie das Gehörte doch nicht glauben. Daher sagte sie zu ihr: «Ihr habt recht getan, Eurem Vater, dem Sultan, nichts davon zu sagen. Hütet Euch auch, irgendeinem anderen Menschen etwas davon zu erzählen, denn man würde Euch für eine Närrin halten, wenn man Euch so reden hörte.» «Madame», gab die Prinzessin zurück, «ich kann Euch versichern, daß ich mit völlig klarem Verstand geredet habe. Außerdem könnt Ihr meinen Gemahl befragen, der Euch dasselbe sagen wird.» «Ich werde ihn schon danach fragen», antwortete die Sultanin. «Aber selbst wenn er mir die gleiche Geschichte erzählt, würde ich die Sache doch nicht mehr glauben als jetzt. Steht jetzt erst einmal auf und schlagt Euch diese Phantastereien aus dem Kopf. Denn es würde merkwürdig aussehen, wenn Ihr dadurch das Fest,

das Eurer Hochzeit zu Ehren im Palast und im ganzen Reich gefeiert wird, stören würdet. Hört Ihr nicht bereits die Trompeten, die Pauken und die Trommeln? Das sollte Euch fröhlich stimmen und den Traum, von dem Ihr mir berichtet habt, vergessen lassen.»

Nachdem die Sultanin dann die Kammerzofen gerufen und sich vergewissert hatte, daß die Prinzessin aufgestanden war und am Toilettentisch saß, ging sie in das Zimmer des Sultans und sagte ihm, daß seine Tochter zwar in der Tat etwas verwirrt sei, daß es aber nichts zu bedeuten habe. Dann ließ sie den Sohn des Groß-Wesirs rufen, um sich von ihm die Geschichte ihrer Tochter bestätigen zu lassen. Dieser aber, der sich durch die Verwandtschaft mit dem Sultan äußerst geehrt fühlte, hatte unterdessen den Entschluß gefaßt, sich zu verstellen. «Lieber Schwiegersohn», sprach die Sultanin zu ihm, «sagt mir doch, habt Ihr ebenso phantasiert wie Eure Gemahlin?» «Madame», antwortete der Sohn des Groß-Wesirs, «darf ich es wagen, Euch zu fragen, was Ihr damit meint?» «Schon gut», gab sie zurück, «ich will nichts weiter wissen; ich sehe schon, Ihr seid klüger als sie.»

Die Feierlichkeiten mit Spielen und dergleichen mehr hielten den ganzen Tag lang an und die Sultanin, die nicht von der Seite ihrer Tochter wich, ließ nichts unversucht, jene fröhlich zu stimmen und zur Teilnahme an den verschiedenen Unterhaltungsmöglichkeiten zu überreden. Aber die Prinzessin war durch die Ereignisse der vorherigen Nacht noch so bewegt, daß sie an nichts anderes

denken konnte. Der Sohn des Groß-Wesirs dagegen, der wegen der unseligen Nacht genauso niedergeschlagen war, war so ehrgeizig, daß er diesen Zustand verbarg; und wer ihn sah zweifelte nicht daran, daß er ein glücklicher Bräutigam war.
Da Aladin über alles, was im Palast vor sich ging, gut informiert war, zweifelte er nicht daran, daß Braut und Bräutigam trotz der widrigen Umstände der ersten Nacht wieder das Bett teilen würden. Aber er dachte nicht daran, die beiden in Ruhe zu lassen. Sobald der Abend nahte, griff er daher wieder zur Lampe. Und als der Geist wie immer sofort erschien, sagte er zu ihm: «Der Sohn des Groß-Wesirs und die Prinzessin Badroulboudour werden heute nacht wieder zusammen schlafen. Geh also hin und bringe das Bett, sobald sich die beiden niedergelegt haben, wieder hierher.»
Der Geist erfüllte den Befehl genauso treu und zuverlässig wie am Tag zuvor. Infolgedessen verbrachte der Sohn des Groß-Wesirs eine weitere scheußliche Nacht und die Prinzessin empfand noch einmal das gleiche Elend, weil sie wieder Aladin als Bettnachbarn ertragen mußte. Am nächsten Morgen kam der Geist gemäß Aladins Befehl wieder, legte den Bräutigam in das Bett und trug selbiges zurück an seinen richtigen Platz.
Weil der Sultan am ersten Tag von seiner Tochter so merkwürdig empfangen worden war, wollte er wissen, wie sie diese Nacht zugebracht hatte und ob sie ihn genauso empfangen würde. Er ging daher genauso früh wie am anderen Tag in ihr Zimmer, um seine Neugier zu befriedigen. Da sich der Sohn

des Groß-Wesirs wegen der erfolglosen zweiten Nacht noch beschämter und unmutiger als das erste Mal fühlte, begab er sich, kaum daß er den Sultan kommen hörte, in sein Ankleidezimmer.
Trotzdem ging der Sultan bis zum Bett der Prinzessin, wünschte ihr mit der gleichen Zärtlichkeit wie am Tag zuvor einen guten Morgen und sagte zu ihr: «Nun, meine Tochter, seid Ihr heute Morgen genauso schlecht gelaunt wie gestern? Werdet Ihr mir heute sagen, wie Ihr die Nacht verbracht habt?»
Aber die Prinzessin war genauso schweigsam wie vorher und der Sultan bemerkte, daß sie noch unruhiger und bedrückter war. Daraufhin zweifelte er nicht mehr daran, daß ihr etwas Außergewöhnliches widerfahren sein müsse; und weil er sehr ärgerlich darüber war, daß sie dieses vor ihm verbarg, zog er seinen Säbel heraus und sagte voller Zorn zu ihr: «Höret, Tochter, entweder Ihr sagt mir sogleich, was Ihr mir bis jetzt verschweigt, oder ich schlage Euch den Kopf ab.»
Die Prinzessin erschrak mehr über die Stimme ihres Vaters als über den Säbel und rief mit Tränen in den Augen: «Allerliebster Sultan und Vater! Ich bitte Eure Majestät um Vergebung, wenn ich Sie beleidigt habe. Ich hoffe, Euer Zorn wird sich in Mitleid verwandeln, wenn ich Euch die volle Wahrheit über die furchtbaren Geschehnisse berichtet habe, die mir in dieser und der vorherigen Nacht widerfahren sind.»
Nach diesen Worten, die den Sultan etwas besänftigten, erzählte sie ihm alles, was in den beiden Nächten geschehen war. Sie tat das in so bewegen-

der Weise, daß er aus Liebe und Zärtlichkeit zu ihr vom Mitleid übermannt wurde. Schließlich endete sie mit den Worten: «Wenn Eure Majestät noch den geringsten Zweifel an der Wahrheit meiner Geschichte hat, so fragen Sie nur den Gemahl, den Ihr mir gegeben habt. Ich bin sicher, daß er Ihnen alles bestätigen wird.»
Der Sultan nahm tiefen Anteil an dem Unglück, das diese erstaunlichen Vorgänge seiner Tochter zugefügt haben mußten. Deshalb sagte er zu ihr: «Meine liebe Tochter, Ihr habt Unrecht daran getan, mir diese seltsame Geschichte nicht schon gestern mitgeteilt zu haben, da sie mir ebenso zu Herzen geht wie Euch. Denn ich habe Euch nicht verheiratet, um Euch unglücklich zu machen, sondern vielmehr um Euch das Glück zu bescheren, das Ihr verdient. Deshalb gab ich Euch jenen Gemahl, von dem ich annahm, daß Ihr mit ihm zufrieden sein könntet und daß er sich für Euch ziemt. Vergeßt nun aber alles, was Ihr jetzt erlebt habt, denn ich will dafür Sorge tragen, daß Ihr keine so unangenehme und unerträgliche Nacht wie die vorigen mehr verbringen müßt.»
Sobald der Sultan in sein Zimmer gegangen war, ließ er den Groß-Wesir rufen. «Wesir», sagte er zu ihm, «habt Ihr Euren Sohn gesehen und hat er Euch nichts gesagt?» Als ihm der Groß-Wesir mitteilte, er habe seinen Sohn noch nicht gesehen, erzählte ihm der Sultan alles, was die Prinzessin Badroulboudour ihm berichtet hatte. Als er geendet hatte, fügte er noch hinzu: «Ich zweifle zwar nicht daran, daß meine Tochter die Wahrheit gesagt hat, aber

ich möchte es gerne von Eurem Sohn bestätigt haben. Geht deshalb hin zu ihm und fragt ihn danach.»

Der Groß-Wesir ging daraufhin unverzüglich zu seinem Sohn, berichtete ihm von den Worten des Sultans und befahl ihm, zu sagen, ob das alles wahr sei. «Ich will Euch die Wahrheit nicht verhehlen, liebster Vater», antwortete der Sohn, «denn es hat sich alles genauso zugetragen, wie es die Prinzessin dem Sultan gesagt hat. Nur von der üblen Behandlung, die man mir hat angedeihen lassen, konnte sie Euch nichts berichten. Seit meiner Heirat habe ich nämlich zwei der grausamsten Nächte zugebracht, die man sich vorstellen kann, und es fehlen mir die Worte, Euch die von mir zu erduldenden Umstände zu beschreiben; abgesehen von dem Schrecken, der mir in die Glieder fuhr, als ich viermal, ohne zu sehen von wem, mitsamt meinem Bett entführt wurde. Zwei Nächte mußte ich stehend und nur mit einem Hemd bekleidet in einer Art Geheimzimmer verbringen, das so eng war, daß ich mich überhaupt nicht bewegen konnte. Ihr könnt Euch vorstellen, welche Schmerzen ich dadurch ertragen mußte. Ich will Euch aber nicht verschweigen, daß sich zwar meine Liebe und Ehrerbietung gegenüber der Prinzessin dadurch nicht verringert haben, daß ich aber eher sterben möchte, als noch länger in dieser hohen Verwandtschaft leben, falls ich noch mehr solcher grausamen Behandlungen ertragen muß. Ich zweifle auch nicht daran, daß die Prinzessin gleicher Meinung sein wird wie ich und zugeben wird, daß eine Ehescheidung für ihre Ruhe ebenso notwendig ist wie für meine. Deshalb bitte ich Euch, mein lieber Vater, aus eben der Liebe heraus, aus der Ihr mir die große Ehre verschafft habt, die Prinzessin zu heiraten, den Sultan darum zu bitten, die Ehe für null und nichtig erklären zu lassen.»

So groß auch der Ehrgeiz des Groß-Wesirs sein mochte, seinen Sohn als Schwiegersohn des Sultans zu sehen, so veranlaßte ihn die feste Entschlossenheit seines Sohnes bezüglich der Scheidung, nicht weiter in ihn zu dringen, daß er noch einen Tag Geduld haben möchte, ob die Widerwärtigkeiten nicht vielleicht aufhörten. Deshalb ging er sofort zum Sultan, um ihm die gewünschte Antwort zu überbringen und ihm zu sagen, daß die Sache wohl nur zu wahr wäre, nachdem sein Sohn alles so bestätigt habe. Und ohne darauf zu warten, daß der Sultan die Scheidung vorschlüge, wozu jener offensichtlich nur allzu bereit war, bat er ihn, seinen Sohn wieder zu sich nehmen zu dürfen. Als Vorwand brachte er dabei an, daß es nicht rechtens wäre, die Prinzessin seines Sohnes wegen noch mehr solcher übler Behandlungen auszusetzen. Der Groß-Wesir hatte keine Mühe, seinen Wunsch erfüllt zu bekommen. Der Sultan nämlich hatte die Sache schon längst beschlossen und Befehl gegeben, alle Feiern im Palast und in der Stadt sowie im ganzen Reich einzustellen, so daß binnen kürzester Zeit alle öffentlichen Vergnügungen aufhörten.

Dieser plötzliche Sinneswandel gab Anlaß zu viel Rederei, und einer fragte den anderen, woher denn dieser Ärger käme. Aber man konnte nichts anderes berichten, als daß der Groß-Wesir in Begleitung seines Sohnes den Palast verlassen habe und daß beide ein sehr trauriges Gesicht gemacht hätten. Niemand außer Aladin jedoch kannte das Geheimnis, und jener war äußerst vergnügt über den Erfolg, den ihm seine Lampe beschert hatte. Merkwürdigerweise dachten weder der Sultan noch der Groß-Wesir, die beide Aladins Antrag längst vergessen hatten, im entferntesten daran, daß er der Urheber der Verzauberung sein könnte, die zu der Ehescheidung führte.

Unterdessen ließ Aladin die drei Monate verstreichen, die der Sultan als Frist bis zur Hochzeit von ihm und der Prinzessin Badroulboudour gesetzt hatte. Sobald die Tage um waren, schickte er seine Mutter wieder in den Palast, um den Sultan an sein Wort zu erinnern. Aladins Mutter ging also wie geheißen zum Palast und stellte sich wie gewohnt an den Eingang des Divans. Kaum hatte der Sultan sie erblickt, als er sich ihrer und ihres Begehrens erinnerte. Und obgleich der Groß-Wesir schon mitten im Vortrag war, unterbrach er ihn und sagte: «Wesir, ich sehe gerade die ehrliche Frau, die uns vor einigen Monaten ein so schönes Geschenk gebracht hat. Laßt sie hereinkommen, und wenn ich sie angehört habe, könnt Ihr mit Eurem Vortrag fortfahren.» Als der Groß-Wesir seine Augen der Tür zuwandte, sah er ebenfalls Aladins Mutter und gab sofort dem Tordiener Befehl, die Frau hereinzuführen.

Aladins Mutter ging bis zum Fuß des Thrones, wo sie sich dem Brauch gemäß zu Boden warf. Als sie aufgestanden war, fragte der Sultan sie, was sie verlange. «Allergnädigster Herr», erwiderte sie, «ich bin erneut zu Eurer Majestät gekommen, um Ihnen im Namen meines Sohnes untertänigst mitzuteilen, daß die dreimonatige Frist, die Sie ihm in puncto seines Antrags gestellt haben, verflossen ist. Und er bittet Sie gnädigst, sich daran zu erinnern.»

Als der Sultan auf ihre frühere Bitte hin drei Monate Aufschub angeordnet hatte, war er der Meinung gewesen, er würde nie wieder etwas von der Frau und ihrem Anliegen hören. In Anbetracht ihrer Kleidung und ihres niederen Standes befand er ohnedies, daß sich eine Heirat, wie sie sie wünschte, nicht für die Prinzessin ziemte. Weil sie nun aber gekommen war, um ihn an sein gegebenes Wort zu erinnern, hielt er es nicht für ratsam, ihr gleich zu antworten, sondern fragte zunächst seinen Groß-Wesir um Rat. Dabei gab er diesem gegenüber aber gleich zu verstehen, daß es ihm nicht gut dünkte, seine Tochter mit einem Unbekannten zu verheiraten, von dem man annehmen mußte, daß er ihr nur ein äußerst bescheidenes Glück bieten könne.

Der Groß-Wesir antwortete ihm ohne Umschweife: «Eure Majestät, ich glaube, es gibt ein sicheres Mittel, die Heirat zu verhindern, ohne daß Aladin sich darüber beschweren könnte. Man muß nur einen so hohen Preis für die Prinzessin aussetzen, daß es unmöglich für ihn ist, diesen zu bezahlen, mag sein Reichtum so groß sein, wie er will. Das wird ihn veranlassen, von seinem Vorhaben, welches er nicht ganz durchdacht hat, abzulassen.» Da der Sultan diesen Vorschlag für gut hielt, wandte er

sich an Aladins Mutter mit den Worten: «Hört, gute Frau. Die Sultane sollen zwar ihr Wort halten, und ich bin bereit, das meinige zu halten. Weil ich meine Tochter aber nicht verheiraten kann, bevor ich nicht weiß, ob sie auch gut versorgt wird, so sagt Eurem Sohn, daß ich mein Versprechen erfüllen werde, sobald er mir folgendes gebracht hat: vierzig große Becken aus echtem Gold, die mit den gleichen Dingen gefüllt sind, wie Ihr sie schon einmal gebracht habt. Diese Becken sollen getragen werden von vierzig schwarzen Sklaven, welche von ebensovielen weißen, wohlgestalteten und prächtig gekleideten Sklaven begleitet werden. Wenn er mir das alles geschickt hat, bin ich bereit, ihm meine Tochter, die Prinzessin, zur Frau zu geben.»
Aladins Mutter fiel erneut vor dem Thron nieder und ging davon. Unterwegs aber lachte sie vor sich hin über die Narrheit ihres Sohnes und sprach zu sich: ‹Ja, ja, wo findet er wohl so viele goldene Becken und eine so riesige Menge des gefärbten Glases, um sie voll zu machen? Wird er wieder in den Keller unter der Erde gehen, dessen Eingang geschlossen ist, um dort welche von den Bäumen zu pflücken? Und wo will er all die Sklaven hernehmen, wie sie der Sultan verlangt? Er wird mit meiner Botschaft wenig zufrieden sein.› In solche Gedanken versunken kam sie nach Hause, und da sie meinte, Aladin habe nun gar nichts mehr zu hoffen, sagte sie zu ihm: «Mein Sohn, ich rate Euch, nicht mehr an die Heirat mit der Prinzessin Badroulboudour zu denken. Denn obwohl mich der Sultan sehr gütig empfangen hat und Euch wohl

auch recht wohlgesinnt ist, hat ihn der Groß-Wesir, wie ich glaube, von seiner Meinung abgebracht. Bevor er mir nämlich seine Antwort auf mein Begehren gab, redete er heimlich mit dem Wesir, und hier ist, was ich Euch bestellen soll.» Daraufhin erzählte sie ihm getreulich, welche Bedingungen der Sultan gestellt hatte, um in die Heirat mit seiner Tochter einzuwilligen. Und als sie damit zu Ende war, fügte sie hinzu: «Er erwartet Eure Antwort. Aber ich glaube, darauf wird er lange warten müssen.»

«Nicht so lange, wie Ihr vielleicht meint, liebste Mutter», erwiderte Aladin. «Der Sultan täuscht sich, wenn er glaubt, mich durch seine Unmäßigkeit von meinem Vorhaben abzubringen. Denn ich habe mit ganz anderen Schwierigkeiten gerechnet. Ich bin zufrieden. Was er verlangt ist wenig im Vergleich zu dem, was ich geben könnte, um meinen Wunsch zu erfüllen. Während ich jetzt darüber nachdenke, wie ich ihn zufriedenstellen kann, geht Ihr fort und holt uns etwas zum Mittagessen.»

Sobald Aladins Mutter fortgegangen war, nahm Aladin die Lampe und rieb sie wie gewöhnlich. Darauf erschien augenblicklich der Geist und fragte ihn mit den bekannten Worten, womit er ihm dienen könne. Aladin sagte zu ihm: «Der Sultan gibt mir zwar seine Tochter zur Frau, aber er verlangt von mir vierzig Becken aus echtem Gold, die voller Früchte aus dem Garten sein sollen, in welchem ich die Lampe geholt habe, deren Sklave du bist. Außerdem verlangt er, daß diese Becken von vierzig schwarzen Sklaven getragen werden, welche von ebensovielen weißen, wohlgestalteten und prächtig gekleideten Sklaven begleitet werden sollen. Gehe deshalb hin und bringe mir ein solches Geschenk hierher, damit ich dem Sultan dieses schicken kann, bevor die heutige Ratssitzung zu Ende ist.» Der Geist antwortete, daß sein Befehl sofort ausgeführt werde und verschwand.

Kurze Zeit später erschien der Geist wieder, begleitet von vierzig schwarzen Sklaven, die jeder ein Becken aus schwerem Gold auf dem Kopf trugen, gefüllt mit Rubinen, Perlen, Diamanten und erlesensten Smaragden. Jedes Becken war außerdem mit einem silbernen Tuch bedeckt, in dem goldene Blumen lagen. Zusammen mit den weißen Sklaven, die sie begleiteten, nahmen sie den Platz des gesamten Hauses ein, das nicht sehr groß war, weil es vorne nur einen kleinen Hof und hinten einen kleinen Garten besaß. Der Geist fragte, ob er zufrieden sei und ob er noch weitere Befehle habe. Aladin gab zurück, daß er keinen weiteren Auftrag für ihn habe und der Geist verschwand. Als nun Aladins Mutter vom Markt zurückkam, war sie sehr erstaunt, so viele Menschen und Reichtümer versammelt zu sehen. Kaum hatte sie den eingekauften Vorrat abgestellt und wollte ihren Schleier abnehmen, als ihr Sohn sie zurückhielt und sagte: «Liebste Mutter, Ihr dürft keine Zeit verlieren. Mir liegt sehr viel daran, daß Ihr vor Ende der Ratssitzung zum Palast zurückkehrt und dem Sultan meine Morgengabe für die Prinzessin Badroulboudour übergebt, damit er an meiner Eile die Stärke meines

Wunsches und meine Aufrichtigkeit erkennen möge.» Ohne die Antwort seiner Mutter abzuwarten, öffnete er die Tür zur Straße und ließ die Sklaven einen nach dem anderen hinausgehen, und zwar so, daß immer ein weißer Sklave voranging, dem ein schwarzer mit einem goldenen Becken auf dem Kopf folgte. Als endlich zum Schluß seine Mutter hinausgegangen war, schloß er die Tür und wartete ruhig in seinem Zimmer, voller Hoffnung, der Sultan werde ihn nach diesem Geschenk nun ohne Zögern zu seinem Schwiegersohn machen.

Der erste weiße Sklave, der aus dem Haus gegangen war, hatte bereits jeden vorbeigehenden Passanten zum Stillstehen bewogen. Und ehe die achtzig weißen und schwarzen Sklaven völlig aus dem Haus waren, hatte sich die Gasse schon mit einer großen Menge Volk gefüllt, das von allen Seiten angerannt kam, um den prächtigen Aufzug zu sehen. Die Kleidung eines jeden Sklaven war so kostbar mit Edelsteinen besetzt, daß selbst die Kenner ihren Wert auf je eine Million schätzten. Die Zuschauer wurden jedoch nicht nur durch diesen Schmuck in Erstaunen versetzt, sondern ebenso durch das hübsche Aussehen und die gute Gestalt der Sklaven, durch deren aufrechten Gang und die ebenmäßige Ordnung ihrer Prozession. So voll waren mittlerweile die Straßen, daß jeder Zuschauer gezwungen war, an seinem Platz stehen zu bleiben und dem prächtigen Zug nur mit den Augen zu folgen. Da man durch viele Gassen und Straßen gehen mußte, um zum Palast zu gelangen, wurden gar viele Leute der verschiedenen Stände

Zeugen der vorbeiziehenden Pracht. Als daher der erste der achtzig Sklaven an der vordersten Tür des Burghofes ankam, so hielten ihn die Wachen, die sich bei seinem Anblick sofort in Reih und Glied aufgestellt hatten, für einen König, so prächtig war er gekleidet, und wollten seinen Rocksaum küssen. Der Sklave aber, der von dem Geist entsprechende Anweisungen erhalten hatte, hielt sie zurück und sagte mit bedeutender Miene: «Haltet ein, wir sind nur Sklaven. Unser Herr wird erscheinen, wenn die Zeit dazu gekommen ist.»
Dann ging er, gefolgt von den übrigen Sklaven, weiter in den nächsten Hof, in dem die Leibwache des Sultans während der Ratssitzungen Aufstellung nahm. Obwohl die Offiziere, die jeder Gruppe vorstanden, sehr ansehnliche Uniformen trugen, wirkten sie gegenüber den achtzig Sklaven unscheinbar. Und im ganzen Haus des Sultans gab es nichts von vergleichbarer Schönheit und Pracht.
Sobald der Sultan Nachricht von der Ankunft jener Sklaven erhalten hatte, befahl er, sie hereinkommen zu lassen. Nachdem alle im Saal waren, stellten sie sich im Halbkreis vor dem Sultan auf, und die schwarzen Sklaven setzten die goldenen Becken auf dem Teppich vor dem Thron ab; dann fielen allesamt, auch die weißen Sklaven, auf den Boden nieder und berührten mit ihrer Stirn den Boden. Anschließend erhoben sie sich wieder und die schwarzen Sklaven deckten geschickt die Becken auf und blieben mit über der Brust gekreuzten Armen demütig daneben stehen.
Währenddessen war Aladins Mutter auch bis an

den Thron gelangt und sagte nach dem üblichen Kniefall zum Sultan: «Allergnädigster Herr, mein Sohn Aladin weiß wohl, daß dieses Geschenk, welches er Euch sendet, weit weniger wert ist, als es Eure Tochter, die Prinzessin Badroulboudour, verdient. Trotzdem hofft er, daß es Eurer Majestät gefällt, zumal er sich bemüht hat, sich an die Bedingungen zu halten, die Sie ihm gnädigst gestellt haben.»

Der Sultan aber war nicht dazu in der Lage, auf die Worte von Aladins Mutter zu achten; er war vom Anblick der vierzig goldenen Becken, die mit den wunderschönsten und kostbarsten Steinen gefüllt waren, und vom Anblick der so prächtig gekleideten Sklaven dermaßen beeindruckt, daß er sich vor Verwunderung nicht fassen konnte. Statt Aladins Mutter zu antworten, wandte er sich daher dem Groß-Wesir zu, der selbst unfähig war, sich vorzustellen, woher so viel Reichtum kommen könne. «Nun Wesir», sagte er vor allen Leuten, «was glaubt Ihr, wer mir ein so kostbares und ungewöhnliches Geschenk machen könnte, den wir beide nicht kennen? Haltet Ihr ihn immer noch für unwürdig, meine Tochter, die Prinzessin, zu heiraten?»

Und obwohl der Groß-Wesir neidisch und traurig war, daß ein Unbekannter an Stelle seines Sohnes der Schwiegersohn des Sultans werden sollte, mußte er doch zugeben, daß Aladins Geschenk mehr als ausreichend sei, ihn in die hohe Verwandtschaft aufzunehmen. Daher antwortete er dem Sultan: «Allergnädigster Herr, es liegt mir fern denjenigen,

der Eurer Majestät ein so großes Geschenk gemacht hat, für unwürdig zu halten, Euer Schwiegersohn zu werden. Vielmehr würde ich meinen, daß er noch mehr verdiente, wenn ich nicht überzeugt wäre, daß es keinen noch so großen Schatz auf der Welt gibt, der Eure Tochter aufwiegen könnte.»
Hierauf gaben die Ratsherren durch Zurufen zu verstehen, daß sie ganz der Meinung des Groß-Wesirs waren.
Daraufhin zögerte der Sultan nicht länger, ja, er erkundigte sich nicht einmal nach den anderen Eigenschaften, die eigentlich derjenige, der sein Schwiegersohn werden wollte, besitzen mußte. Allein der Anblick so unermeßlicher Schätze und die Tatsache, daß Aladin seine Bedingungen mit so großer Eile und offensichtlich ohne Schwierigkeiten erfüllt hatte, genügten, um ihn von der Eignung jenes Unbekannten zu überzeugen. Um nun Aladins Mutter mit der freudigen Botschaft bald zurückzuschicken, sagte er zu ihr: «Geht heim, gute Frau, und sagt Eurem Sohn, daß ich ihn erwarte, um ihn mit offenen Armen zu empfangen. Sagt ihm, daß, je mehr er sich beeilt, hierher zu kommen, um von mir die Hand der Prinzessin zu erhalten, meine Freude umso größer sein wird.»
Sobald Aladins Mutter, glücklich über die Ehre, die ihrem Sohn widerfahren sollte, fortgegangen war, beendete der Sultan die Audienz. Den Eunuchen befahl er, die Becken in die Gemächer der Frauen zu tragen, wohin er ebenfalls gehen wollte, um gemeinsam mit jenen die Reichtümer in Ruhe zu betrachten. Die achtzig schwarzen und weißen

Sklaven ließ man in den inneren Hof gehen. Wenig später befahl der Sultan, sie vor das Zimmer der Prinzessin zu führen, damit sie selbst sehen konnte, daß seine Beschreibung von ihnen nicht übertrieben, sondern eher noch zu bescheiden gewesen war.

Unterdessen kam Aladins Mutter mit einem Gesicht nach Hause, das Aladin schon von weitem eine gute Nachricht versprach. «Mein Sohn», sagte sie zu ihm, «Ihr habt allen Grund, vergnügt zu sein. Ganz gegen meine Erwartung hat sich Euer Wunsch erfüllt. Wißt, daß der Sultan unter Zustimmung des ganzen Hofes verkündet hat, daß Ihr die Prinzessin Badroulboudour besitzen sollt. Und er erwartet Euch, um Euch in die Arme zu schließen und die Ehe zu besiegeln. Nunmehr liegt es an Euch, die Unterredung so vorzubereiten, daß er in seiner guten Meinung von Euch nicht enttäuscht wird. Nachdem ich jedoch gesehen habe, welche Wunder Ihr vollbringen könnt, so bin ich sicher, daß Euch auch das gelingt. Außerdem soll ich Euch sagen, daß der Sultan Euch mit großer Ungeduld erwartet. Verliert also keine Zeit.»

Da Aladin über diese Nachricht vor Freude ganz außer sich war und an nichts anderes mehr denken konnte, als an die Person, die ihn so bezaubert hatte, antwortete er seiner Mutter nur wenig und ging in seine Kammer. Dort nahm er die Lampe zur Hand, die ihm schon so oft behilflich gewesen war, und kaum hatte er sie gerieben, als auch schon der Geist erschien. «Geist!» sagte Aladin zu ihm, «Ich habe dich gerufen, damit du mich sofort in ein Bad bringst. Wenn ich gebadet habe, lege mir ein Gewand bereit, das prächtiger ist als alle Gewänder, die je ein König auf Erden getragen hat.»

Kaum hatte er ausgeredet, da machte der Geist ihn genauso unsichtbar wie sich selbst und führte ihn in ein Bad, das mit dem feinsten und farbigsten Marmor ausgekleidet war. Dort wurde er, ohne daß er sah von wem, in einem großen Saal entkleidet und anschließend in einem warmen Bad abgerieben und mit allerlei wohlriechenden Essenzen gewaschen. Nachdem er durch verschiedene Wärmestufen geführt worden war, ging er wieder aus dem Bad heraus, jedoch mit einem ganz anderen Gefühl, als er hineingegangen war. Seine Gesichtsfarbe wirkte frischer, sein Leib fühlte sich leichter und lockerer an. Als er in den großen Saal zurückkam, lagen dort zwar nicht mehr seine alten Kleider, wohl aber dasjenige, das er von dem Geist verlangt hatte. Mit Hilfe des Geistes zog er sich an, wobei er jedes einzelne Stück zunächst bewunderte, da es noch viel edler und kostbarer war, als er es sich hätte vorstellen können. Sobald er fertig war, brachte der Geist ihn wieder zurück in seine Kammer und fragte ihn, ob er ihm sonst noch etwas zu befehlen habe. «Ja», antwortete Aladin, «ich erwarte, daß du mir schnell ein Pferd vorführst, das wertvoller ist als das wertvollste im Stall des Sultans und dessen Decke, Sattel und Zaumzeug ebenso kostbar sein sollen. Außerdem laß mir zwanzig Sklaven kommen, die genauso gekleidet sind, wie diejenigen, die mein Geschenk dem Sultan überbracht haben, damit sie neben und hinter mir hergehen sowie zwanzig weitere Sklaven, die vor mir hergehen sollen. Darüberhinaus laß auch für meine Mutter sechs Sklavinnen kommen, die jede mindestens so kostbar wie diejenigen der Prinzessin Badroulboudour gekleidet sind, und jede von ihnen soll ein Kleid mit sich tragen, das einer Sultanin würdig wäre. Schließlich brauche ich noch Zehntausend Goldstücke in zehn Beuteln. Das ist alles, was ich dir zu befehlen habe. Geh hin und eile dich.»

Kaum hatte Aladin den Befehl erteilt, als er auch schon ausgeführt war. Von den vierzig Sklaven trugen zehn je einen Beutel mit tausend Goldstücken, und die sechs Sklavinnen trugen jede auf ihrem Haupt ein in silbernen Stoff gewickeltes Kleid für Aladins Mutter.

Von den zehn Beuteln nahm Aladin vier und gab sie seiner Mutter, damit sie sich ihrer bediene, sofern es nötig sei. Die übrigen sechs ließ er in den Händen der Sklaven mit der Anweisung, auf dem Weg zum Palast immer wieder eine Handvoll unter die Leute zu werfen. Zum Schluß übergab er seiner Mutter die sechs Sklavinnen und sagte, diese seien für sie ebenso wie die Kleider, die sie auf dem Kopf trügen.

Nachdem alles seine Ordnung hatte, wollte Aladin möglichst rasch dem Verlangen des Sultans nachkommen. Daher schickte er einen der Sklaven los – man kann nicht sagen den wohlgestaltetsten, weil sie alle gleichermaßen schön gebaut waren –, um den Oberwärter des Divans zu fragen, wann er sich dem Sultan zu Füßen werfen dürfe. Der Sklave

brauchte nur wenig Zeit, um seine Nachricht zu überbringen und kam rasch mit der Antwort wieder, der Sultan erwarte ihn dringlichst.
Daher bestieg Aladin sofort sein Pferd und zog in besagter Ordnung los. Und obwohl er noch nie auf einem Pferd gesessen hatte, ritt er in so vorzüglicher Haltung, daß auch der erfahrenste Reiter ihn nicht als Anfänger hätte erkennen können. Alle Gassen, durch die er zog, füllten sich augenblicklich mit einer großen Menge Volk, welche die Luft mit ihren Hoch- und Jubelschreien erfüllte. Das geschah dort besonders, wo die Sklaven die Goldstücke nach rechts und links warfen. Jedoch kamen die Zurufe keineswegs nur von jenen, die sich nach dem Gold bückten, sondern auch von jenen Leuten höheren Ranges, die Aladins Großzügigkeit priesen, wie sie es verdiente. Außerdem erkannten ihn nicht nur seine früheren Spielkameraden nicht mehr, sondern auch den anderen, die er erst vor kurzer Zeit kennengelernt hatte, fiel es schwer, sich seiner zu erinnern, weil sich sein Aussehen so verändert hatte. Das kam daher, daß die Lampe ihrem Besitzer immer jene Gestalt vermittelte, welche dem Stand entsprach, in den er sich verwandeln ließ. Dennoch achtete man dieses Mal mehr auf Aladins Person als auf die Pracht, die man schon bei dem Zug der achtzig Sklaven genügend bewundert hatte. Von Kennern wurde auch die Schönheit und Rasse des Pferdes bewundert, ohne sich von dem Glanz der Diamanten, womit es geschmückt war, blenden zu lassen. Und als das Gerücht auftauchte, der Sultan wolle ihm seine Tochter zur Frau geben,

so gab es niemanden, der ihm trotz seiner Herkunft dieses Glück mißgönnt hätte.
Alsbald erreichte Aladin den Palast, wo alles zu seinem Empfang bereit war. Am Tor angekommen, wollte er absteigen, um sich dem Brauch gemäß anzumelden, wie es auch der Groß-Wesir, die Generäle und die Ratsherren taten; aber der Oberwächter des Divans, der auf Befehl des Sultans bereits auf ihn wartete, hielt ihn zurück, begleitete ihn zum Ratssaal und half ihm vom Pferd, obwohl Aladin sich heftig dagegen wehrte. Währenddessen bildeten andere Diener am Saaleingang ein Ehrenspalier, durch das der Oberdiener Aladin bis zum Thron geleitete.
Sobald der Sultan Aladin erblickte, verwunderte er sich nicht nur über dessen kostbare Kleidung, die weit prächtiger war, als er selbst je gekleidet gewesen war, sondern auch über dessen gutes Aussehen und schöne Gestalt, die er bei dem niederen Stand der Mutter nicht vermutet hatte. Sein Erstaunen hielt ihn aber nicht davon ab aufzustehen und zwei oder drei Stufen vom Thron herabzusteigen, damit er Aladin von einem Fußfall abhalten und ihn statt dessen freundschaftlich umarmen konnte. Am Ende dieser Begrüßung wollte Aladin sich zwar erneut dem Sultan zu Füßen werfen, aber dieser hielt ihn zurück und führte ihn auf einen Platz zwischen sich und dem Groß-Wesir.
Daraufhin fing Aladin folgendermaßen an zu reden: «Allergnädigster Herr, ich nehme die Ehre, die Ihr mir erweist, an, weil Ihr es gnädig so befehlt. Jedoch erlaubt mir zu sagen, daß ich nicht verges-

sen habe, als Euer Sklave geboren zu sein, daß ich die Größe Eurer Macht kenne und daß ich wohl weiß, wie weit meine Geburt mich unter Euren Glanz und Eure Würde stellt. Sollte sich aber jemals etwas finden, wodurch ich einen so gnädigen Empfang verdient hätte, so gestehe ich, daß ich solches nichts anderem als dem glücklichen Zufall zu verdanken habe, der mich die Kühnheit besitzen ließ, meine Augen, Gedanken und mein Verlangen gänzlich auf die himmlische Prinzessin zu richten. Wegen dieser Kühnheit bitte ich Eure Majestät demütig um Verzeihung, obwohl ich gestehe, daß ich vor Schmerz sterben würde, wenn ich sie nicht erlangen könnte.»

«Mein Sohn», antwortete der Sultan, wobei er ihn erneut umarmte, «Ihr würdet mir Unrecht tun, wenn Ihr nur einen Augenblick an der Aufrichtigkeit meiner Zusage zweifeln würdet. Außerdem ist mir Euer Leben jetzt zu lieb, als daß ich mich nicht bemühen wollte, es durch alle Mittel, die mir zur Verfügung stehen, zu erhalten – zumal ich das Vergnügen, Euch zu sehen und zu hören, allen meinen und Euren Schätzen vorziehe.»

Bei den letzten Worten gab der Sultan ein Zeichen und man hörte die Luft von Trompeten, Schalmeien und Pauken erzittern. Gleichzeitig führte der Sultan Aladin in einen prächtigen großen Saal, wo eine herrliche Mahlzeit aufgetragen wurde. Der Sultan aß ganz allein mit Aladin, während der Groß-Wesir und die Edelleute des Hofes ihnen Gesellschaft leisteten. Der Sultan hatte mittlerweile so großen Gefallen an Aladin gefunden, daß er ihn

immerzu ansah. Beim Essen kam er dann auf allerlei gelehrte Dinge zu sprechen, aber gleichgültig, welches Thema er ansprechen mochte, Aladin wußte darüber stets mit so großer Weisheit zu reden, daß er in seiner guten Meinung über ihn noch bestätigt wurde.
Als das Mahl zu Ende war, ließ der Sultan den obersten Richter rufen und befahl ihm, den Heiratsvertrag zwischen der Prinzessin Badroulboudour und Aladin aufzusetzen und sofort ins Reine zu schreiben. In der Zwischenzeit unterhielt sich der Sultan mit Aladin über allerlei Nichtigkeiten, und der Groß-Wesir und die Ratsherren bewunderten allesamt seinen hervorragenden Verstand sowie die Leichtigkeit, mit der er redete, und seine gewählte Ausdrucksweise.
Nachdem der Richter den Vertrag angefertigt hatte, fragte der Sultan Aladin, ob er im Palast bleiben und noch am selben Tage die Hochzeitszeremonien vollziehen wollte? Darauf gab Aladin zur Antwort: «Allergnädigster Herr, so groß auch meine Ungeduld ist, ganz in den Genuß der Gnade Eurer Majestät zu gelangen, so bitte ich Euch dennoch demütig, die Feierlichkeiten noch so lange zu verschieben, bis ich einen Palast erbaut habe, in dem die Prinzessin würdig empfangen werden kann. Daher bitte ich Euch um nichts weniger als um einen Platz für den Bau, und zwar möglichst nahe bei Eurem Palast, damit ich immer schnell genug hier sein kann, Eurer Majestät meine Aufwartung zu machen. Mein Heim soll dann so schnell als möglich hergerichtet werden.» Der Sultan antwor-

tete: «Mein Sohn, nehmt allen Platz, den Ihr braucht, vor meinem Palast. Dort ist es ohnehin viel zu leer, und ich habe schon oft überlegt, wie ich diese leeren Flächen füllen könnte. Aber denkt daran, daß meine Freude erst vollkommen sein wird, wenn ich Euch mit meiner Tochter vermählt habe.» Während er diese Worte sprach, umarmte er Aladin nochmals, welcher sich mit so großer Gewandtheit vom Sultan verabschiedete, als sei er bei Hof erzogen worden.

Danach stieg Aladin wieder auf sein Pferd und kehrte in derselben Anordnung, in der er gekommen war, nach Hause zurück, mitten durch dieselbe Menge wie vorher; und alle Leute wünschten ihm Glück und Segen. Zu Hause angekommen ging er allein in seine Kammer, nahm die Lampe und rief auf die gewohnte Weise den Geist. «Geist», sagte Aladin, «bisher habe ich allen Grund, dich wegen deiner Zuverlässigkeit bei der Erfüllung meiner Wünsche zu loben. Heute aber kommt es darauf an, möglichst noch schneller und schwerer zu arbeiten, als du es je getan hast. Du sollst nämlich in kürzester Zeit gegenüber dem Sultanspalast ein großes Schloß bauen, das würdig genug ist, meine Gemahlin, die Prinzessin Badroulboudour darin zu empfangen. Die Wahl der Materialien stelle ich dir frei, ebenso die Formen des Baus. Als einzige Bedingung soll ganz oben auf dem Palast ein Kuppelsaal mit vier gleich langen Seiten errichtet werden, dessen Boden mit schwerem Gold und Silber ausgelegt ist. Auf jeder Seite sollen außerdem je sechs Fenster eingelassen werden, deren Kreuze

gleichmäßig mit Diamanten, Rubinen und Smaragden besetzt sind – mit Ausnahme von einem einzigen, das unfertig bleiben soll. Das alles soll so schön und künstlerisch sein, daß es auf der Welt nichts Vergleichbares gibt. Daneben muß es einen Hof, einen Vorhof und einen Garten geben sowie an einem geheimen Ort, den du mir zeigen wirst, einen Schatz aus gemünztem Gold und Silber. Mein Wunsch ist auch, Küche, Speisekammern, Vorratskeller und Wäschekammern mit wertvollem Hausrat auszustatten. Desgleichen sollen in den Ställen die edelsten Pferde stehen, für die Stallmeister und Pferdeknechte bereit sind. Jagdzeug sollte ebenfalls nicht vergessen werden. Schließlich soll noch Küchen- und Kellergesinde sowie Sklavinnen für die Prinzessin angeschafft werden. Nun gehe also hin und komme wieder, sobald alles bereit ist.»
Die Sonne war bereits untergegangen, als Aladin dem Geist seinen Auftrag erteilt hatte. Kaum fing der nächste Morgen an zu grauen, da stand Aladin auf, weil ihn die Liebe zur Prinzessin nicht ruhig schlafen ließ. Und schon erschien der Geist mit den Worten: «Gnädiger Herr, Euer Palast ist fertig. Kommt und seht, ob Ihr damit zufrieden seid.» Aladin hatte seine Zustimmung noch nicht ganz ausgesprochen, da standen sie bereits vor dem Bau, dessen Schönheit seine Erwartungen weit übertraf. Der Geist führte ihn überall herum, und wo man hinblickte, sah man prächtigste Räume mit wunderschönen Ausschmückungen sowie Diener und Sklaven, die je nach Rang und Dienst gekleidet waren. Er zeigte ihm vor allem die Schatzkammer,

deren Tür ihm sofort vom Schatzmeister geöffnet wurde. Aladin konnte unzählige verschiedene Beutel bewundern, die je nach den Summen, die sich darin befanden, bis unter die Decke hin geordnet waren. Als sie aus der Kammer herausgingen, versicherte ihm der Geist, daß der Schatzmeister ein treuer Mann sei. Anschließend führte er ihn in die Ställe, wo die schönsten Pferde der Welt von den Stallknechten versorgt wurden.
Sobald Aladin nun den ganzen Palast von Zimmer zu Zimmer, vor allem aber den Saal mit den vierundzwanzig Fenstern bewundert hatte, sagte er zu dem Geist: «Geist, man kann nicht zufriedener sein als ich, und ich täte Unrecht, wenn ich mich beschweren wollte. Doch eine Sache fehlt noch, die ich vergessen hatte, dir zu sagen. Es soll nämlich vom Tor des Sultanspalast bis vor die Tür des Zimmers, das für die Prinzessin bestimmt ist, ein Teppich aus allerschönstem Samt gelegt werden, damit sie darauf gehen kann, wenn sie aus ihres Vaters Palast hierher kommt.»
«Ich bin gleich wieder hier», antwortete der Geist. Kaum war er verschwunden, sah Aladin zu seiner größten Verwunderung, wie sein Wunsch erfüllt wurde, ohne daß er sagen konnte, auf welche Art es geschah. Hierauf erschien der Geist wieder und brachte Aladin nach Hause, als gerade die Tore des Sultanspalastes geöffnet wurden.
Die Torwächter wunderten sich sehr, als sie plötzlich ihren Blick nicht mehr auf ein freies Feld richten konnten, sondern einen Palast vor Augen hatten und einen Samtteppich erblickten, der von

dort bis an das Tor des Sultans reichte. Die Nachricht von diesem Wunder verbreitete sich schnell im ganzen Palast. Auch der Groß-Wesir, der gerade zum Zeitpunkt der Toröffnung dort anlangte, staunte gewaltig, als er die Veränderung sah. Er überbrachte die Neuigkeit dem Sultan und wollte das Ganze als Werk der Zauberei ausgeben. «Wesir», sagte jedoch der Sultan, «weshalb wollt Ihr, daß es Zauberei sei? Ihr wißt doch genau wie ich, daß dies der Palast ist, den Aladin auf Grund der Erlaubnis, die ich ihm in Eurem Beisein gegeben habe, dort für die Prinzessin hat bauen lassen. Und soll es uns etwa verwundern, daß er es so schnell vermocht hat, nachdem wir doch gesehen haben, über welches Vermögen er verfügt? Zweifellos hat er uns überraschen und zeigen wollen, daß man solch ein Wunderwerk mit genügend Geld auch von einem Tag zum anderen vollbringen kann. Gesteht also, daß die Zauberei, von der Ihr geredet habt, nur Eurer Mißgunst zuzuschreiben ist.» Weil jedoch die Stunde der Ratssitzung angebrochen war, führte er die Unterhaltung nicht fort und der Groß-Wesir konnte ihm nicht antworten.
Aladin war inzwischen wieder nach Hause gebracht worden und hatte den Geist fortgeschickt. Seine Mutter war bereits aufgestanden und legte gerade eines der neuen Kleider an. So konnte Aladin sie mitsamt ihren Sklavinnen in den Sultanspalast schicken, wo sie der Prinzessin bis zum Abend Gesellschaft leisten und anschließend mit ihr zusammen in seinen eigenen Palast hinübergehen sollte. Unterdessen setzte er selbst sich wieder auf

sein Pferd, und da er seines Vaters Haus mit dem Vorsatz verließ, nie wieder dorthin zurückzukehren, nahm er auch die Lampe mit, die ihm zu seinem Glück verholfen hatte. Und mit dem gleichen Prachtzug, mit dem er sich am Tag zuvor dem Sultan präsentiert hatte, zog Aladin nun in seinen eigenen Palast ein.

Sobald die Torhüter im Sultanspalast Aladins Mutter näherkommen sahen, benachrichtigten sie ihren Herrn. Daraufhin wurde den Trompetern, Trommlern und Pfeifern, die an verschiedenen Stellen des Palastes bereit standen, ein Zeichen gegeben, und sofort war die Luft vom Schall der Instrumente erfüllt, der der Stadt große Freude verkündete. Die Kaufleute fingen an, ihre Geschäfte mit Teppichen, Kissen und Girlanden zu schmücken und für die Nacht Lichter bereit zu stellen. Sogar die Handwerker ließen ihre Arbeit liegen und begaben sich zu dem großen Platz, der sich zwischen dem Palast des Sultans und demjenigen Aladins erstreckte. Letzterer versetzte sie in allergrößtes Erstaunen, weil er unvergleichlich viel größer und prächtiger war als derjenige des Sultans. Noch mehr wunderten sie sich darüber, daß über Nacht ein solches Wunderwerk vollbracht worden war, obwohl doch tags zuvor weder das Material noch der Untergrund für einen solchen Bau bereit gewesen war.

Inzwischen wurde Aladins Mutter ehrenvoll im Sultanspalast empfangen und vom Obereunuchen in Prinzessin Badroulboudours Zimmer geführt. Als diese sie erblickte, stand sie auf, um ihre Schwiegermutter zu umarmen und sie auf das Sofa

neben sich zu führen. Und während ihre Zofen sie fertig ankleideten und ihr den Schmuck umlegten, den Aladin ihr geschenkt hatte, ließ sie für seine Mutter ebenfalls ein kostbares Geschmeide bringen. Auch der Sultan erschien, um noch so lange wie möglich bei seiner Tochter zu sein, bevor sie in Aladins Palast ginge. Er hatte Aladins Mutter zwar einige Male in der Öffentlichkeit gesprochen, sie aber noch nie ohne Schleier gesehen. Als er sie jetzt so prächtig gekleidet sah wie seine eigene Tochter und auch ihre Gesichtszüge erkennen konnte, die trotz ihres Alters noch zeigten, daß sie früher eine schöne Frau gewesen war, wunderte er sich sehr. Er nahm dieses Treffen daher zum Anlaß, der Mutter zu sagen, wie klug und weise ihr Sohn sei und daß er wohl von vielen Dingen etwas verstehe.
Als der Abend gekommen war, nahm die Prinzessin von ihrem Vater, dem Sultan, Abschied. Dabei liefen ihr immer wieder Tränen über die Wangen, und sie umarmten sich viele Male ohne ein Wort zu sagen. Schließlich ging die Prinzessin aus ihrem Zimmer und machte sich zusammen mit Aladins Mutter und einem Gefolge von hundert überaus prächtig gekleideten Sklavinnen auf den Weg. Voran marschierten alle Musiker, die bisher für Aladins Mutter musiziert hatten, und hinter dem Aufzug folgten hundert schwarze Eunuchen in zwei Reihen nebeneinander, sowie vierhundert junge Pagen des Sultans, die in zwei Gruppen auf jeder Seite mit ihren Fackeln ein solches Licht gaben, daß es zusammen mit den Lichtern am Palast und an Aladins Palast hell wie der Tag leuchtete.

Sobald die Prinzessin im neuen Palast ankam und in das Zimmer trat, das für ihren Empfang vorgesehen war, lief Aladin ihr voller Freude entgegen. Als sie ihn erblickte, fand sie ihn so wohlgestalt, daß sie gleich für ihn eingenommen war. Aladin begrüßte sie ehrerbietig und sagte zu ihr: «Anbetungswürdige Prinzessin! Wenn ich Euch gekränkt habe wegen der Anmaßung, die Hand einer so liebenswürdigen Prinzessin, wie es die Tochter meines Sultans ist, zu begehren, so liegt das nur an Euren schönen Augen und Eurer lieblichen Gestalt.» Hier fiel ihm die Prinzessin ins Wort und sagte: «Prinz, so darf ich Euch jetzt nennen, ich sage Euch, daß ich dem Willen meines Vaters gehorche. Aber es genügt mir schon, Euch nur gesehen zu haben, um Euch auch sagen zu können, daß ich ihm ohne Widerwillen Gehorsam leiste.»
Aladin war über diese Antwort sehr entzückt und ließ die Prinzessin nun nicht länger stehen, sondern nahm sie bei der Hand, die er freudig küßte, und führte sie in einen großen Saal. Dieser wurde durch Kerzen hell erleuchtet, und in seiner Mitte stand eine reich gedeckte Tafel. Die Schüsseln waren aus schwerem Gold und mit den ausgefallensten Speisen gefüllt. Auch das übrige Geschirr und die Becher waren aus Gold und kunstvoll gearbeitet, so daß sie vortrefflich zu der kostbaren Ausschmükkung des Saales paßten. Als die Prinzessin so großen Reichtum sah, sagte sie außer sich vor Erstaunen: «Prinz, bisher habe ich geglaubt, daß nichts auf der Welt schöner sei als der Palast meines Vaters, aber wenn ich nur diesen Saal ansehe, weiß

ich, daß ich mich getäuscht habe.» Aladin antwortete ihr, indem er sie an den für sie bestimmten Platz geleitete: «Ich danke Euch für Eure große Zuvorkommenheit, weiß aber wohl, wie höflich Ihr seid.»

Als sich die Prinzessin Badroulboudour, Aladin und seine Mutter an die Tafel gesetzt hatten, hub eine überaus schöne Musik an, die ohne Unterbrechung bis zum Ende des Mahls währte. Das gefiel der Prinzessin so gut, daß sie sagte, selbst im Palast ihres Vaters habe sie niemals Schöneres gehört. Sie wußte allerdings nicht, daß die Musikantinnen, die so wunderbar gesungen und gespielt hatten, eine Art Wahrsagerinnen waren, welche der Geist ausgewählt hatte.

Nachdem die Mahlzeit beendet war, wurde eiligst abgetragen, und es trat eine große Gruppe Tänzer und Tänzerinnen auf, die nach Landessitte allerlei anmutige Figuren und Schritte tanzten. Schließlich war es schon beinahe Mitternacht, als Aladin aufstand und, wie es damals in China üblich war, der Prinzessin Badroulboudour die Hand bot, um mit dem gemeinsamen Tanz die Hochzeitszeremonien abzuschließen. Sie tanzten so harmonisch zusammen, daß sie die Bewunderung der ganzen Gesellschaft erregten. Als sie aufhörten, ließ Aladin die Hand der Prinzessin nicht los, sondern führte sie in das Zimmer, wo das Hochzeitsbett stand. Im Zimmer angekommen, halfen die Zofen der Prinzessin, sich zu entkleiden, und als Aladins Diener dasselbe für ihn getan hatten, ging jeder wieder an seinen Platz. So endeten die Hochzeitszeremonien von

Aladin und der Prinzessin Badroulboudour zu aller Zufriedenheit.
Nachdem Aladin am anderen Tag erwacht war, kleideten ihn seine Kammerdiener mit einem Gewand an, das zwar völlig anders aussah, als sein Hochzeitskleid, das aber nicht weniger kostbar war. Danach ließ er sich eines seiner Pferde bringen und begab sich mit einem Troß Sklaven zum Sultan. Dieser empfing ihn mit den gleichen Ehren wie am Vortag, umarmte ihn und hieß ihn neben sich auf dem Thron Platz nehmen. Dann befahl er, das Frühstück zu servieren. Aladin aber sagte: «Allergnädigster Herr, ich bitte Eure Majestät untertänigst, mir diese Ehre heute nicht anzutun, denn ich komme nur um Sie zu bitten, mir die Gnade zu erweisen, mit dem Groß-Wesir und den Edelleuten Ihres Hofes in meinen Palast zum Essen zu kommen.» Da der Sultan mit Vergnügen einwilligte, stand er sofort auf, und sie machten sich zu Fuß auf den Weg: Aladin zur Rechten, der Groß-Wesir zur Linken des Sultans und die Edelleute hinterdrein.
Je näher der Sultan Aladins Palast kam, um so mehr wurde er von dessen Schönheit beeindruckt. Als er jedoch ins Innere gelangte, konnte er gar nicht aufhören, bei jeder Einzelheit, die er sah, Rufe der Freude und Bewunderung auszustoßen. Und als sie schließlich in den Kuppelsaal kamen mit seinen vierundzwanzig kostbaren Fenstern und all dem Zierat, war der Sultan so außer sich, daß er sprachlos stehen blieb. Nachdem er einige Zeit so verharrt hatte, wandte er sich an seinen Groß-

Wesir mit den Worten: «Ist es möglich, daß sich in meinem Reich und so nahe bei meinem eigenen Palast ein so prächtiger Bau befindet, von dem ich bisher nichts gewußt habe?» «Eure Majestät erinnert sich sicher», erwiderte der Groß-Wesir, «daß Sie vorgestern Aladin, den Sie sofort als Ihren Schwiegersohn angenommen haben, die Erlaubnis gaben, Ihrem Palast gegenüber seinen eigenen zu errichten. An jenem Tag stand noch nichts an diesem Platz, und gestern Morgen hatte ich die Ehre, Ihnen als erstes mitteilen zu dürfen, daß eben jener Palast fertig sei.» «Ich erinnere mich daran», sagte der Sultan, «aber ich konnte mir nicht vorstellen, daß dieser Palast eines der Wunder der Welt sein sollte. Denn wo sonst auf der Welt findet man noch ein Haus, dessen Grundmauern nicht aus natürlichem Stein oder Marmor, sondern aus purem Gold und Silber sind? Und dessen Fensterkreuze mit Diamanten, Rubinen und Smaragden besetzt sind? Nie hat man so etwas bisher auf der Welt gesehen.»
Wie der Sultan nun jedes einzelne Fenster betrachtete, wunderte er sich, daß eines unfertig geblieben war. «Wesir», sagte er daher zu jenem, «warum wohl ist ein so prächtiger Saal ausgerechnet hier unvollkommen geblieben?» «Allergnädigster Herr», antwortete der Groß-Wesir, «vermutlich hatte es Aladin allzu eilig und es fehlte ihm die Zeit, dieses Fenster genauso wie die übrigen machen zu lassen. Man kann sicher annehmen, daß die dafür nötigen Steine schon bereit liegen und in den nächsten Tagen angebracht werden.»

Unterdessen kehrte Aladin zurück, der den Sultan einige Momente allein gelassen hatte, um seine Befehle im Haus zu erteilen. Da sagte der Sultan zu ihm: «Mein Sohn, dieser Saal verdient zwar von allen die größte Bewunderung, aber mich wundert, daß dieses Fensterkreuz hier unfertig geblieben ist. Ist das nun aus Nachlässigkeit geschehen, oder hatten die Künstler nicht genügend Zeit, ihr Werk zu vollenden?» «Allergnädigster Herr», erwiderte Aladin, «aus keinem dieser Gründe ist das Fensterkreuz in diesem Zustand geblieben, sondern die Künstler haben es auf meinen Befehl hin nicht vollendet. Denn ich wollte, daß Eurer Majestät der Ruhm gebühren solle, diesen großen Saal und damit auch den Palast vollenden zu lassen. Daher bitte ich Euch untertänigst, meinen Wunsch zu erfüllen, damit ich mich immer an Eure Gunst und Gnade erinnern kann.» «Wenn das der Grund ist», gab der Sultan zur Antwort, «so könnt Ihr meines Dankes gewiß sein. Noch in diesem Augenblick will ich dafür die notwendigen Befehle geben.» Und sofort ordnete er an, die besten Juweliere und Goldschmiede in seine Residenz zu schicken.

Dann führte Aladin den Sultan hinunter in den Saal, wo er an seinem Hochzeitstag die Prinzessin Badroulboudour bewirtet hatte. Kurz darauf erschien auch die Prinzessin und empfing ihren Vater mit einem Gesicht, das ihm zu seinem großen Vergnügen zeigte, wie sehr zufrieden sie mit ihrer Heirat war. Im Saal standen zwei Tische, voll mit goldenen Schüsseln, in denen die auserlesensten Speisen angerichtet waren. An den einen Tisch setzten sich der Sultan, Aladin und die Prinzessin sowie der Groß-Wesir, während die Edelleute an dem anderen Tisch Platz nahmen. Der Sultan gab zu, nie im Leben etwas Köstlicheres gegessen und getrunken zu haben, als ihm hier serviert wurde. Auch die Musik, die sowohl im Saal wie im gesamten Palast zu hören war, gefiel ihm sehr.

Als der Sultan sich von der Tafel erhoben hatte, bekam er die Mitteilung, daß die Juweliere und Goldschmiede eingetroffen seien. Er führte sie in den Kuppelsaal und zeigte ihnen das unfertige Fenster. «Ich habe Euch rufen lassen, damit ihr dieses Fenster für mich vollendet und zwar genauso vollkommen, wie die anderen sind. Seht sie euch also gut an und verliert keine Zeit.»

Daraufhin betrachteten die Juweliere und Goldschmiede alle dreiundzwanzig Fenster aufs genaueste, und als sie miteinander besprochen hatten, was ein jeder von ihnen dazu beitragen könnte, traten sie wieder vor den Sultan hin und ließen durch den Hofjuwelier, ihren Sprecher, folgendes sagen: «Allergnädigster Herr, wir sind zwar bereit, alles, was in unseren Kräften steht, zu tun, um Eurer Majestät zu gehorchen, doch hat keiner von uns so kostbare Steine noch eine genügend große Menge davon, um dieses Werk zu vollenden.»

«Ich habe selbst welche, und zwar mehr, als ihr braucht. Kommt also nur in meinen Palast, dort sollt ihr nach eigenem Gutdünken auswählen, welche und wieviele ihr benötigt.»

Nachdem der Sultan wieder in seinem eigenen Palast angekommen war, ließ er alle Edelsteine, die

er besaß, herbeiholen. Die Juweliere nahmen davon eine große Menge heraus, vor allem von denjenigen, die Aladin dem Sultan geschenkt hatte. Diese verbrauchten sie alle, ohne daß man einen großen Fortschritt in der Arbeit feststellen konnte. Und obwohl sie viele Male wiederkamen und alle Steine des Sultans sowie die, die der Groß-Wesir ihm geliehen hatte, aufbrauchten, hatten sie nach einem Monat noch nicht das halbe Werk beendet.
Aladin wußte wohl, daß der Sultan sich vergebens bemühte und daß er nie den Ruhm der Fertigstellung erlangen würde. Daher ließ er die Juweliere und Goldschmiede zu sich rufen und sagte ihnen, daß sie mit der Arbeit aufhören und sogar alles das, was sie bisher fertiggestellt hatten, wieder herunterreißen sollten. Die Steine aber sollten sie dem Sultan und dem Groß-Wesir zurückgeben. Auf diese Weise wurde das Werk, wofür die Handwerker sechs Wochen gebraucht hatten, in wenigen Stunden zunichte gemacht.
Sobald sie gegangen und Aladin wieder allein war, zog er die Lampe hervor und rieb sie wie gewöhnlich. Der Geist erschien sofort und Aladin gab ihm folgenden Befehl: «Höre Geist, ich weiß, daß ich dir befohlen hatte, eines der vierundzwanzig Fensterkreuze unfertig zu lassen, was du auch richtig ausgeführt hast. Jetzt aber möchte ich, daß du es genauso wie die anderen fertig machst.» Kaum hatte er geendet, als der Geist verschwand und Aladin aus dem Saal hinaus ging. Als er wenig später wieder hinaufkam, fand er das Fensterkreuz im selben Zustand wie die anderen.

Unterdessen waren die Juweliere und Goldschmiede im Palast des Sultans angekommen und wurden sofort in dessen Zimmer geführt. Der Vornehmste von ihnen übergab dem Sultan die Steine und sagte zu ihm im Namen aller anderen: «Allergnädigster Herr, Eure Majestät wissen, wie lange wir mit allem Fleiß an jenem Werk gearbeitet haben, das sie uns aufgetragen haben. Wir waren auch schon sehr weit damit gekommen, als Aladin uns befahl, aufzuhören und sogar alles wieder wegzureißen, was wir schon angefertigt hatten. Die Steine aber sollten wir Ihnen wieder zurückbringen.» Der Sultan fragte, ob Aladin ihnen denn keinen Grund für diese Maßnahme genannt hätte. Und als sie diese Frage verneinten, befahl er, ihm sofort sein Pferd zu satteln. Als das geschehen war, saß er auf und ritt nur mit seiner Fußbegleitung fort. Als er in Aladins Palast ankam, stieg er bei der Treppe, die in den Kuppelsaal führte, ab und begab sich hinauf, ohne Aladin vorher davon zu unterrichten. Dieser jedoch hatte ihn gerade noch rechtzeitig genug gesehen, um gleichzeitig mit ihm im Saal anzukommen.
Der Sultan gab Aladin keine Zeit, sich darüber zu beschweren, daß ihn seine Majestät nicht benachrichtigt und er ihn deshalb nicht gebührend habe empfangen können, sondern er sagte zu ihm: «Mein Sohn, ich komme selbst hierher um Euch nach dem Grund zu fragen, warum Ihr einen so prächtigen Saal in Eurem Palast unfertig lassen wollt?»
Aladin verschwieg die wahre Ursache und wollte dem Sultan nicht sagen, daß jener nie reich genug sein würde, um die notwendigen Edelsteine herbei-

zuschaffen. Trotzdem aber wollte er ihm zeigen, wie weit dieser Palast nicht nur den des Sultans, sondern auch alle anderen in der Welt an Pracht überträfe. Also antwortete er ihm: «Allergnädigster Herr, Eure Majestät hat zwar diesen Saal unvollkommen gesehen, ich bitte Sie jedoch untertänigst, jetzt nachzuschauen, ob noch immer etwas fehlt.»

Der Sultan ging geradewegs auf das Fenster zu, das er in unfertigem Zustand gesehen hatte. Als er merkte, daß es genauso aussah wie alle anderen, nahm er an, er habe sich geirrt. Deshalb betrachtete er alle Fenster der Reihe nach genau. Und als er feststellen mußte, daß das Fensterkreuz, an das er so viel Zeit hatte anwenden lassen, jetzt in so kurzer Zeit fertig geworden war, umarmte er Aladin und sagte zu ihm, während er ihn auf die Stirn zwischen die Augen küßte: «Mein Sohn, was seid Ihr für ein Mann, daß Ihr so erstaunliche Dinge in nur wenigen Augenblicken erreicht? Euresgleichen gibt es nicht noch einmal auf der Welt, und je mehr ich Euch kenne, desto unvergleichlicher finde ich Euch.»

Aladin nahm das Lob des Sultans bescheiden an und antwortete ihm: «Allergnädigster Herr, es ist eine große Ehre für mich, daß Ihr mir so viel Gnade und Lob zollt. Jedoch kann ich Euch versichern, daß ich nicht vergessen will, mich sowohl des einen wie des anderen immer mehr würdig zu erweisen.»

Daraufhin begab sich der Sultan auf dem gleichen Weg, wie er gekommen war, wieder zurück und ließ nicht zu, daß Aladin ihn begleitete. Zu Hause angelangt, wartete der Groß-Wesir bereits auf ihn. Weil der Sultan von seinem wunderbaren Erlebnis noch völlig eingenommen war, schilderte er jenem das Gesehene in so lebhaften Farben, daß dieser nicht an der Wahrheit zweifeln konnte; doch bestärkte diese Sache den Wesir nur in seiner Meinung, daß Aladins Palast durch Zauberei entstanden sei, wie er es dem Sultan bereits am ersten Tag gesagt hatte. Als er seine Vermutung jedoch wiederholen wollte, fiel ihm der Sultan ins Wort und sagte: «Wesir, Ihr habt mir das schon einmal gesagt und ich merke, daß Ihr die mißglückte Heirat meiner Tochter mit Eurem Sohn noch immer nicht vergessen habt.» Da der Wesir sah, daß der Sultan uneinsichtig blieb, wollte er nicht weiter mit ihm streiten und ließ ihn bei seiner Meinung.

In der folgenden Zeit begab sich der Sultan jeden Tag, sobald er aufgestanden war, in ein bestimmtes Kabinett, von welchem aus man Aladins Palast gänzlich sehen konnte, und ging während des Tages noch mehr als einmal dorthin, um ihn immer wieder bewundern zu können. Aladin schloß sich unterdessen keineswegs in seinem Palast ein, sondern achtete darauf, sich jede Woche mindestens einmal in der Stadt sehen zu lassen. Entweder ging er in eine der Moscheen, um seine Gebete zu verrichten, oder er stattete dem Groß-Wesir einen Besuch ab, welcher sich gezwungen sah, ihm wiederum ab und zu seine Aufwartung zu machen. Auch die Edelleute, die er bisweilen in seinem Haus bewirtete, vergaß er nicht, in ihrem Haus zu besuchen. Jedesmal, wenn er ausritt, ließ er durch zwei seiner Sklaven, die sein Pferd umgaben, mehrere Handvoll Gold auf die Gassen und Märkte werfen, durch die er kam. Es ging auch kein Armer von der Palasttür weg, ohne eine milde Gabe erhalten zu haben.

Außerdem verging keine Woche, in der er nicht einmal zur Jagd weit aus der Stadt herausritt; und da er in den Dörfern seine Großzügigkeit genauso spüren ließ, segnete ihn die ganze Bevölkerung wegen seines guten Herzens, und es wurde bald üblich, Schwüre nur noch auf seinen Namen auszubringen. Ja, man kann sagen, daß Aladin, ohne den Sultan im geringsten zu vergrämen, durch seine Freundlichkeit die Zuneigung des ganzen Volkes gewann und bald beliebter war als der Sultan selbst. Zugleich setzte er sich so tapfer und eifrig für das Wohlergehen des Staates ein, daß man ihn dafür nicht genug loben konnte. Ein Beweis dafür war sein Verhalten, als an den Grenzen des Königreiches ein Aufruhr entstand. Denn kaum hatte er gehört, daß der Sultan eine Armee aufstellte, als er jenen auch schon inständig bat, ihm das Kommando darüber zu erteilen, welches er auch erhielt. Und als er bei den Soldaten angekommen war, ließ er sie so rasch gegen die Aufrührer vorrücken, daß der Sultan eher die Nachricht von der Niederlage und Bestrafung der Rebellen erhielt, als die Armee wieder zurück war. Trotz dieser Tat, die ihn im ganzen Land berühmt machte, änderte sich sein Herz jedoch nicht; er blieb genauso mild und freundlich wie vorher.

Es waren nun viele Jahre vergangen, in denen

Aladin so lebte, als der Zauberer, der ihm gegen seinen Willen die Mittel für ein solches Glück gegeben hatte, sich bei der Rückkehr nach Afrika an ihn erinnerte. Denn obwohl er bis dahin fest geglaubt hatte, Aladin sei in dem Keller, in dem er ihn zurückgelassen hatte, jämmerlich umgekommen, so kam ihm doch der Gedanke, einmal genauer zu erfahren, welches Ende er genommen hätte. Er holte also ein zugedecktes Kästchen aus dem Schrank, das er für seine geologischen Betrachtungen verwendete, setzte sich auf ein Sofa, stellte das Kästchen vor sich hin und öffnete es. In dem Sand, der sich darinnen befand, zog er anschließend allerlei Linien und Figuren. Auf diese Weise erfuhr er schließlich, daß Aladin keineswegs gestorben war, sondern glücklich und in großer Pracht auf Erden lebte.

Kaum hatte der Afrikanische Zauberer durch seine teuflische Kunst herausgefunden, daß Aladin in so großem Ansehen lebte, als ihm auch schon die Wut zu Kopf stieg und er voller Zorn zu sich selbst sagte: «Ohne Zweifel hat der elende Schneiderssohn das Geheimnis der Lampe entdeckt und genießt die Früchte meiner Bemühungen und schlaflosen Nächte. Aber ich werde dafür sorgen, daß er sie nicht mehr lange genießt.» Nach diesen Worten überlegte er nicht mehr lange, sondern setzte sich am nächsten Morgen auf sein Pferd und machte sich auf den Weg. Da er von Stadt zu Stadt reiste, ohne sich irgendwo länger aufzuhalten, als es zum Ausruhen seines Pferdes bedurfte, langte er bald in China und kurz darauf in der Hauptstadt des

Sultans an. Dort stieg er in einem Khan, also in einer öffentlichen Herberge ab, wo er sich den Rest des Tages und die Nacht über hinlegte, um sich von den Strapazen der Reise zu erholen.
Am nächsten Tag wollte der Afrikanische Zauberer vor allem wissen, was man über Aladin sagte. Deshalb machte er einen Spaziergang durch die Stadt und ging zu dem berühmten Ort, wo die vornehmsten Leute hinzukommen pflegten, um ein bestimmtes warmes Getränk zu sich zu nehmen, das er noch von seiner ersten Reise her kannte. Kaum hatte er sich dort niedergesetzt, als ihm auch schon eine Schale voll dieses heißen Getränks eingeschenkt wurde. Als er gerade dem Gespräch zu seiner linken Seite aufmerksam zuhörte, vernahm er, daß über Aladins Palast geredet wurde. Als er ausgetrunken hatte, trat er deshalb zu einem der Männer, die davon gesprochen hatten und fragte ihn leise, was das denn für ein Palast sei, von dem so viel Aufhebens gemacht würde. «Wo kommt Ihr her?» antwortete ihm der Angesprochene. «Ihr müßt ganz neu im Lande sein, daß Ihr den Palast des Prinzen Aladin noch nicht gesehen oder von ihm gehört habt.» (Dazu ist anzumerken, daß Aladin seit seiner Heirat mit der Prinzessin Badroulboudour nicht anders als Prinz genannt wurde.) «Daher sage ich Euch, daß dieser Palast nicht nur eines von vielen Wunderwerken der Welt ist, sondern das einzige Wunderwerk überhaupt. Nie hat man irgend etwas auf der Welt gesehen, das so groß, so kostbar und so prächtig ist. Darum müßt Ihr schon von sehr weit her kommen, wenn Ihr noch

nicht einmal davon habt reden hören. Denn seit er gebaut worden ist, spricht man angeblich in der ganzen Welt darüber. Schaut ihn Euch nur an, dann werdet Ihr sehen, ob ich Euch die Wahrheit darüber gesagt habe.» «Vergebt meine Unwissenheit», erwiderte der Afrikanische Zauberer, «aber ich bin erst gestern abend hier angekommen und komme wahrhaftig von weit her, nämlich vom äußersten Afrika, und bei meiner Abreise war dort noch nichts bekannt. Und da mich eine wichtige Sache hierher führt, habe ich auf meiner Reise keine Bekanntschaften geschlossen und mich nirgends länger als nötig aufgehalten, so daß ich nun nicht mehr darüber weiß, als Ihr mir erzählt habt. Aber ich will nicht versäumen, dort hinzugehen und den Palast anzuschauen. Meine Neugier ist sogar so groß geworden, daß ich jetzt gleich los gehen will, sofern Ihr mir die Freundlichkeit erweist, mir den Weg dorthin zu zeigen.» Der Angeredete zeigte ihm mit Vergnügen den Weg, und der Afrikanische Zauberer stand sofort auf und begab sich dorthin.
Als er beim Palast angekommen und ihn aus der Nähe betrachtet hatte, zweifelte er nicht daran, daß Aladin sich der Lampe bedient hatte, um ihn zu erbauen. Denn er wußte wohl, daß jener nur der Sohn eines Schneiders war und daß solche Wunderwerke von niemand anderem als von Geistern vollbracht werden konnten. Er war sogar sicher, daß sie nur von den Geistern der wunderbaren Lampe vollbracht werden konnten, um deren Besitz er sich gebracht hatte. Während er nun über

Aladins Glück und seinen hohen Stand nachdachte, kehrte er in das Wirtshaus zurück, in dem er Quartier bezogen hatte.
Als erstes mußte er wissen, wo Aladin die Lampe versteckte, ob er sie ständig bei sich trug, oder ob er sie an einem geheimen Ort verwahrte. Dazu bedurfte es einer weiteren geologischen Zauberei. Kaum in seinem Zimmer angekommen, nahm er daher das Kästchen mit dem Sand zur Hand, das er immer mit sich führte. Als die Untersuchung beendet war, wußte er, daß sich die Lampe in Aladins Palast befand; über diese Nachricht konnte er sich vor Freude kaum fassen. «Diese Lampe will ich haben», sagte er zu sich selbst. «Und auch wenn Aladin versucht, mich davon abzuhalten, werde ich ihn wieder zurück auf den Platz verweisen, von dem aus er einen so hohen Aufschwung genommen hat.»
Aladins Unglück war es, daß er gerade für eine Woche zur Jagd gegangen war, wovon erst drei Tage vergangen waren. Der Zauberer erfuhr davon durch den Aufseher des Gasthauses, der ein geschwätziger Mann war. Als er jenem nämlich von den Schönheiten des Palastes vorschwärmte, dessen Wunderwerke er gerade betrachtet habe, und daß er nur zu neugierig sei, den Herren zu sehen, dem ein solcher Prachtbau gehöre, da antwortete ihm der Hausverwalter: «Das wird nicht schwer sein, denn es geht fast kein Tag vorbei, an dem er nicht in der Stadt ist. Allerdings ist er jetzt schon drei Tage lang außerhalb der Stadt zur Jagd, die eine Woche lang währen soll.»

Nach dieser Auskunft wollte der Afrikanische Zauberer nichts mehr wissen und verabschiedete sich. Im Weggehen sagte er dann zu sich selbst: «Nun wird es Zeit. Ich darf ihn nicht entwischen lassen.» Dann ging er zu einem Lampenmacher in den Laden und sagte: «Meister, ich brauche ein Dutzend Kupferlampen. Könnt Ihr mir so viele besorgen?» Der Händler antwortete ihm, daß nur ein paar fehlten, er aber die restlichen bis zum nächsten Tag machen könne. Damit war der Zauberer zufrieden und trug dem Händler nur auf, sie alle schön zu polieren; dann ging er zurück zu seinem Wirtshaus.

Am anderen Morgen holte der Afrikanische Zauberer die Lampen ab und bezahlte sie sofort, ohne zu handeln. Er legte alle in einen Korb, den er sich zuvor beschafft hatte, begab sich zu Aladins Palast und fing dort an zu rufen: *«Wer will neue Lampen gegen alte eintauschen?»* Die Kinder auf dem Platz liefen auf ihn zu und lachten ihn aus, da sie ihn für einen Narren hielten. Auch die vorbeigehenden Erwachsenen lachten über die Torheit, die er ihrer Meinung nach beging. Er mußte den Verstand verloren haben, meinten sie, daß er neue Lampen für alte hergeben wollte.

Aber der Afrikanische Zauberer ließ sich von dem Geschrei und dem Gespött nicht abhalten und fuhr fort zu rufen: *«Wer will neue Lampen gegen alte eintauschen?»* Das wiederholte er so oft und so laut, daß schließlich auch die Prinzessin Badroulboudour, die sich gerade im Zimmer mit den vierundzwanzig Fenstern aufhielt, die Stimme des Mannes hörte. Da sie aber nicht verstehen konnte, was er rief, weil die Kinder so großen Lärm machten, schickte sie eine der Sklavinnen hinunter um nachzusehen, was der Tumult zu bedeuten habe.

Die Sklavin blieb nicht lange fort und kehrte bald wieder in den Saal zurück. Sie trat unter großem Gelächter ein und lachte so ungemein, daß die Prinzessin unwillkürlich mitlachen mußte. Dann sah die Prinzessin die Sklavin an und sagte: «Nun, du Närrin, willst du mir wohl sagen, warum du so schrecklich lachst?» «Prinzessin», antwortete jene unter fortwährendem Lachen, «wer würde nicht lachen, wenn er einen Narren mit einem Korb voll neuer Lampen sieht, die jener, statt sie zu verkaufen, gegen alte eintauschen will? Aus diesem Grund auch machen die Kinder einen solchen Lärm, die wie Kletten an ihm hängen und ihn verspotten.»

Auf diese Mitteilung hin ergriff eine andere Sklavin das Wort und sagte: «Weil von alten Lampen geredet wird – ich weiß nicht, ob die Prinzessin wahrgenommen hat, daß dort oben auf der Säule eine solche steht. Man kann annehmen, daß derjenige, dem sie gehört, nicht böse darüber sein dürfte, wenn er statt dessen eine neue wiederfindet. Wenn also die Prinzessin einverstanden ist, kann sie gleich selbst das Vergnügen haben, herauszufinden, ob der Mann tatsächlich so närrisch ist, eine neue Lampe gegen eine alte zu tauschen, ohne dafür etwas zu verlangen.»

Aladin selbst hatte die Lampe, die ihm zu seinem Glück verholfen hatte, auf die Säule gestellt, wie er es immer zu tun pflegte, wenn er für längere Zeit

das Haus verließ. Bisher hatten aber weder die Prinzessin, noch die Sklavinnen oder die Eunuchen je die Lampe bemerkt, die er zu Hause stets bei sich trug. Man wird vielleicht sagen, daß Aladins Absicht zwar gut gewesen war, daß er die Lampe aber wenigstens hätte einschließen müssen. Das ist wohl wahr, aber man wird auch wissen, daß derselbe Fehler zu allen Zeiten gemacht worden ist, daß man ihn noch heute begeht und ihn wohl immer wieder begehen wird. Da die Prinzessin Badroulboudour nicht wußte, wie kostbar die Lampe und wie viel Aladin an ihr gelegen war, so befahl sie einem der Eunuchen unter viel Scherzen und Lachen, die Lampe herunterzunehmen und zu vertauschen. Der Eunuch gehorchte, ging hinunter und erblickte gleich vor dem Tor des Palastes den Afrikanischen Zauberer. Er rief ihn, zeigte ihm die alte Lampe und sagte zu ihm: «Gib mir eine neue Lampe für diese hier.»
Der Afrikanische Zauberer zweifelte keinen Augenblick daran, daß diese die richtige Lampe war, da in Aladins Palast, wo alles aus schwerem Gold und Silber war, wohl keine zweite solche zu finden wäre. Also nahm er sie dem Eunuchen eilig aus der Hand, versteckte sie sorgsam in seinem Hemd und hielt ihm den Korb hin mit der Aufforderung, sich diejenige auszusuchen, die ihm am besten gefiele. Nachdem der Eunuch das getan hatte, ging er zur Prinzessin zurück und brachte sie ihr. Doch kaum war der Tausch vollzogen, als die Kinder noch heftiger anfingen zu lachen und zu spotten. Der Zauberer aber ließ sie rufen und schreien und

machte sich davon, ohne sich noch länger bei Aladins Palast aufzuhalten. Er rief auch seine Sprüche nicht mehr aus, da er die Lampe erhalten hatte, die er wollte. Daraufhin ließen ihn die Kinder nach und nach in Ruhe und liefen auseinander. Sobald er den Platz zwischen den beiden Palästen verlassen hatte, schlich er durch diejenigen Gassen, die am wenigsten belebt waren; und da er die neuen Lampen nicht mehr benötigte, so setzte er den Korb in einer der Gassen ab, als niemand zugegen war. Dann ging er solange zügig fort, bis er durch eines der Stadttore in die Vorstadt und schließlich auf das freie Feld kam. Dort suchte er einen möglichst abgelegenen Ort, den niemand einsehen konnte, und wartete bis ein Uhr nachts, wenn die Dunkelheit am tiefsten ist. Dann erst zog er die Lampe aus seinem Hemd hervor und rieb sie. Sofort erschien der Geist auf die bekannte Art und fragte: *«Was willst du? Hier bin ich, bereit, dir und allen jenen, die die Lampe in der Hand halten, wie ein Sklave zu dienen; ich und alle anderen Sklaven der Lampe.»* Der Afrikanische Zauberer antwortete: «Ich befehle dir hiermit, daß du sofort denjenigen Palast, der von dir oder den anderen Sklaven der Lampe in dieser Stadt erbaut worden ist, mit allen darinnen wohnenden Leuten wegträgst und zusammen mit mir an den und den Ort bringst.» Als der Geist den Befehl verstanden hatte, packten er und die übrigen Geister der Lampe ohne weitere Antwort den vielbestaunten Palast an und trugen ihn mitsamt dem Zauberer an jenen Ort in Afrika, der ihnen bezeichnet worden war.

Am nächsten Morgen ging der Sultan wie gewohnt gleich nach dem Aufstehen in sein Kabinett, um wie immer Aladins Palast voll Vergnügen bewundern zu können. Als er stattdessen dort den leeren Platz sah, rieb er sich die Augen, weil er zu träumen meinte. Aber er sah auch dann nicht mehr als vorher, obwohl das Wetter klar war und die anbrechende Morgenröte alle Umrisse sehr deutlich zeigte. Er sah also durch die Fenster auf der rechten und linken Seite und sah dort genau das, was er auch sonst zu sehen pflegte. Dadurch wurde seine Bestürzung so groß, daß er eine ganze Weile reglos stehen blieb und immer wieder auf den leeren Platz starrte, wo früher der Palast gestanden hatte. «Ich irre mich doch nicht», sagte er zu sich selbst, «er stand dort auf dem Platz. Wäre er durch ein Beben in sich zusammengefallen, müßte man doch wenigstens die Trümmer sehen, und wäre er in eine Erdspalte gerutscht, so würde man doch wenigstens noch Spuren davon erkennen können.» Trotz seiner Überzeugung, daß der Palast verschwunden war, wartete er noch ein Weilchen um sicher zu gehen, daß er sich wirklich nicht irrte. Endlich aber ging er zurück in sein Zimmer und befahl, den Groß-Wesir kommen zu lassen.
Der Groß-Wesir ließ den Sultan nicht lange warten, sondern ging in so großer Eile zu ihm, daß weder ihm noch seinen Leuten im Vorbeigehen das Verschwinden von Aladins Palast auffiel. Selbst die Torwächter hatten keinerlei Veränderung bemerkt, als sie die Palasttore öffneten.
Während er sich nun dem Sultan näherte, sagte er:

«Allergnädigster Herr, die Eile, mit der Ihr mich habt rufen lassen, läßt mich vermuten, daß sich etwas Außergewöhnliches zugetragen hat. Denn Ihr wißt genau so gut wie ich, daß heute Ratstag ist und ich ohnehin in wenigen Augenblicken meiner Pflicht nachgekommen wäre.» Der Sultan antwortete: «Tatsächlich ist etwas sehr Seltsames und Außergewöhnliches geschehen, wie Ihr mir gleich zugeben werdet. Sage mir, wo Aladins Palast ist.» «Aladins Palast, allergnädigster Herr?», antwortete der Groß-Wesir voller Verwunderung, «ich bin gerade an ihm vorbeigegangen und es schien mir so, als stünde er an seinem gewohnten Platz; zumal sich so große Gebäude wie jenes nicht so ohne weiteres von der Stelle rücken lassen.» «Geh in das Kabinett und sieh selbst», gab der Sultan zurück, «danach wirst du mir sagen, ob du ihn gesehen hast.»

Der Groß-Wesir gehorchte und im Kabinett erlebte er das gleiche wie der Sultan. Als er sich vergewissert hatte, daß Aladins Palast nicht mehr an derselben Stelle wie sonst stand und daß man auch keinerlei Spuren von ihm sehen konnte, kehrte er zum Sultan zurück. «Nun», fragte der Sultan, «hast du Aladins Palast gesehen?» «Allergnädigster Herr», erwiderte der Groß-Wesir, «Eure Majestät können sich sicher erinnern, daß ich die Ehre hatte, Ihnen zu sagen, der Palast, welcher einziger Gegenstand Eurer Bewunderung war, sei ein Wunderwerk der Zauberei; aber Eure Majestät hatte davon nichts wissen wollen.»

Weil der Sultan dieses nicht leugnen konnte, wurde

er nur um so zorniger. «Wo ist er, der Betrüger, der Schurke?» sagte er. «Laßt mich ihm den Kopf vor die Füße legen.» «Allergnädigster Herr», gab der Groß-Wesir zurück, «er ist vor einigen Tagen hierher gekommen und hat sich bei Eurer Majestät beurlaubt. Daher muß man ihm jemanden nachschicken und fragen lassen, wo sein Palast geblieben ist, da er solches ja wohl wissen sollte.» «Oho», erwiderte der Sultan, «auf diese Weise würde man ihn viel zu gütig behandeln. Geh du vielmehr hin und befiehl dreißig meiner Reiter, ihn mir ohne weitere Verzögerung in Ketten hierherzubringen.» Der Groß-Wesir tat, wie ihm geheißen, und gab dem Offizier Anweisung, wie er es anstellen sollte, damit der Delinquent ihnen nicht entwische. Sie ritten also fort und trafen Aladin fünf oder sechs Meilen vor der Stadt, als er bereits auf dem Heimweg war. Der Offizier näherte sich ihm und sagte, der Sultan habe ein großes Verlangen, ihn wiederzusehen, weshalb er sie geschickt hätte mit der Bitte, in ihrer Begleitung sofort zurückzukehren.
Da Aladin nicht den geringsten Argwohn hegte und nicht wußte, welches der wahre Grund für das Erscheinen der Garde war, setzte er seinen Rückweg fort. Als er bis auf eine halbe Meile an die Stadt herangekommen war, fing der Offizier an zu reden und sagte zu ihm: «Prinz Aladin, wir müssen Euch mit großem Bedauern mitteilen, daß uns der Sultan befohlen hat, Euch festzunehmen und als Staatsverbrecher zu behandeln. Wir bitten Euch untertänigst, daß Ihr uns nicht übelnehmt, wenn wir unsere Pflicht erfüllen.» Dieses Ansinnen verwun-

derte Aladin aufs Äußerste, da er sich völlig unschuldig fühlte. Deshalb fragte er den Offizier, ob er wüßte, welches Verbrechen man ihm anlaste. Dieser antwortete, daß weder er selbst noch seine Leute die geringste Ahnung davon hätten.
Als Aladin sah, daß seine Leute nicht nur schwächer als die Garde des Sultans war, sondern daß sie sich außerdem noch von ihm entfernten, stieg er ab und sagte: «Hier bin ich, tut was Euch befohlen wurde. Doch kann ich guten Gewissens sagen, daß ich mich keines Verbrechens gegen den Sultan selbst oder seinen Staat schuldig gemacht habe.» Daraufhin legte man ihm eine dicke Kette um den Hals und band diese anschließend so um seinen Leib, daß er die Arme nicht mehr frei bewegen konnte.
Der Offizier setzte sich nun an die Spitze seines Trupps, während einer seiner Männer Aladin zu Fuß hinter ihm her führte. Als die Reiter in die Vorstadt kamen, zweifelten die ersten, die Aladin wie einen Staatsgefangenen einhergehen sahen, keinen Augenblick daran, daß ihm nun der Kopf abgeschlagen werden würde. Weil er aber bei allen Leuten so beliebt war, nahmen die Leute ihre Säbel und andere Waffen und gingen hinter dem Reitertrupp her. Zwar wandten sich einige Gardisten aus der hintersten Reihe ab und zu um und taten, als wollten sie die Leute auseinandertreiben, aber die Menge wurde bald so groß, daß die Reiter den Entschluß faßten, sich gar nichts anmerken zu lassen. Sie glaubten vielmehr, glücklich zu sein, wenn sie den Sultanspalast erreichen würden, ohne

daß man ihnen Aladin vorher abnahm. Um dieses zu verhindern bemühten sie sich, in den engeren Gassen die ganze Breite des Weges einzunehmen, indem sie mal enger zusammen, mal weiter auseinander ritten. Auf diese Weise kamen sie endlich auf den Platz vor dem Palast, wo sie sich zu einer Linie formierten, um sich dem Volk entgegen zu stellen, bis der Offizier und der Reiter, der Aladin führte, das Palasttor durchschritten hatten.
In dem Hof nahm der Henker Aladin die Kette ab, breitete ein Tuch auf dem Boden aus, das von dem Blut unzähliger Übeltäter getränkt war, hieß ihn darauf niederknien und band ihm die Augen zu. Dann zog er sein Schwert aus der Scheide und holte aus, als wolle er den Streich vollführen. Dreimal ließ er auf diese Weise sein Schwert blinken und wartete auf nichts weiter als auf das Zeichen des Sultans, um Aladin den Kopf abzuschlagen. In diesem Augenblick aber bemerkte der Groß-Wesir, daß die Leute, die den Reitern gefolgt waren und sich auf dem Platz versammelt hatten, an einigen Stellen anfingen, über die Mauern zu klettern und Löcher hineinzuschlagen. Deshalb sagte er zum Sultan, ehe dieser das Zeichen gab: «Allergnädigster Herr, ich bitte Eure Majestät untertänigst reiflich zu überlegen, was Sie jetzt tun wollen. Es besteht nämlich die Gefahr, daß Sie zusehen müssen, wie man mit Gewalt in Euren Palast eindringt.» «Was? Mit Gewalt in meinen Palast eindringen?» versetzte der Sultan. «Wer würde das wagen?» «Allergnädigster Herr», antwortete der Groß-Wesir, «wenn Eure Majestät Ihre Augen auf

die Palastmauern richten, werden Sie erkennen, daß ich die Wahrheit spreche.»
Als der Sultan sah, wie heftig die Empörung im Volk aufwallte, erschrak er so sehr, daß er dem Henker sofort befahl, sein Schwert wieder in die Scheide zu stecken, die Binde von Aladins Augen zu nehmen und diesen frei zu lassen. Außerdem gab er Befehl, ausrufen zu lassen, daß er Aladin begnadige und die Menge sich zerstreuen solle.
Daraufhin gaben alle diejenigen, die bereits auf den Mauern standen und Zeuge des Vorfalls geworden waren, ihr Vorhaben auf und stiegen wieder hinunter. Voll Freude teilten sie den Umstehenden mit, daß sie dem Mann, den sie alle doch wahrhaftig liebten, das Leben gerettet hätten. Auf diese Art gelangte die Nachricht unter das ganze Volk und wurde von den Ausrufern des Palastes nur noch bestätigt. Da also der Sultan Aladin Gerechtigkeit widerfahren ließ und ihn begnadigte, legte das Volk bald die Waffen nieder, der Tumult legte sich und jeder ging still nach Hause.
Als Aladin merkte, daß er wieder frei war, hob er den Kopf, blickte zu dem Erker, aus dem der Sultan herabsah und sagte mit herzerweichender Stimme: «Allergnädigster Herr! Ich bitte Eure Majestät, mir die Gnade zu erweisen, mir mitzuteilen, welches Übel ich begangen habe.» «Was für ein Übel du begangen hast, du Lügner?» antwortete der Sultan. «Komm herauf, so will ich es dir zeigen.» Aladin ging also hinauf, und als er hereintrat, sagte der Sultan zu ihm: «Folge mir.» Und ohne ihn eines Blickes zu würdigen, führte er ihn in das offene

Kabinett. «Du solltest ja wissen», fügte er dann hinzu, «wo dein Palast steht. Sieh dich also gut um und sage mir, wo er jetzt ist.»
Aladin blickte umher und sah nicht das Geringste außer dem leeren Platz, auf dem früher sein Palast gestanden hatte. Da er sich nicht erklären konnte, auf welche Art dieser verschwunden war, verstummte er vor lauter Verwirrung und Bestürzung. Ungeduldig wiederholte der Sultan jedoch seine Frage: «Sag mir doch, wo dein Palast ist und wo sich meine Tochter aufhält.» Da konnte Aladin nicht länger schweigen und sagte: «Allergnädigster Herr, ich sehe wohl, daß der Palast, den ich erbauen ließ, nicht mehr an seinem Platz steht. Allerdings versichere ich Euch gleichermaßen, daß ich nicht weiß, wo er hingekommen ist und daß ich mit seinem Verschwinden nicht das Geringste zu tun habe.» «Es interessiert mich wenig, wo dein Palast hingekommen ist», antwortete der Sultan, «denn meine Tochter ist mir mehr als tausendmal so viel wert. Daher verlange ich, daß du sie mir wieder herschaffst, sonst lasse ich dir den Kopf abschlagen und keiner wird mich davon abhalten.» «Allergnädigster Herr», antwortete Aladin, «ich bitte Eure Majestät, mir vierzig Tage Zeit dafür zu geben. Gelingt es mir innerhalb dieser Frist nicht, so gebe ich Ihnen mein Wort, daß ich Ihnen meinen Kopf selbst vor den Thron legen werde, damit Sie darüber verfügen können.» Der Sultan erwiderte daraufhin: «Ich gebe dir zwar die vierzig Tage, aber glaube nicht, daß du diese Gnade mißbrauchen und meinem Zorn entgehen kannst. Denn an wel-

chen Ort der Erde du auch flüchten würdest, so würde ich doch Mittel und Wege finden, dich aufzuspüren.»

Hierauf entfernte sich Aladin eiligst in einer Verfassung, die Mitleid hätte erregen können. Mit gesenktem Haupt ging er durch die Höfe des Palastes und wagte in seiner Verwirrung nicht, die Augen zu erheben. Sogar die vornehmsten Edelleute des Hofes kehrten ihm den Rücken zu, teils, um nicht von ihm gesehen zu werden, teils, um ihn nicht ansehen zu müssen. Und keiner zeigte sich ihm als Freund, der ihn tröstete oder ihm sein Haus als Zuflucht anbot. Doch selbst wenn sich ihm jemand genähert hätte, um seine Dienste anzubieten, so hätte derjenige ihn kaum wiedererkannt, da er völlig verwirrt und außer sich war. Das zeigte sich auch daran, daß er außerhalb des Palastes von Tür zu Tür ging und fragte, ob man nicht seinen Palast gesehen habe oder etwas darüber wüßte.

Aus diesen Fragen schlossen viele, er habe seinen Verstand verloren. Einige lachten auch darüber, während die vernünftigen Leute, vor allem diejenigen, die sich mit ihm angefreundet hatten, voller Mitleid waren. Drei Tage lang irrte er so in der Stadt herum, aß nichts außer den dargebotenen Speisen und konnte keinerlei Entschluß fassen.

Schließlich wollte er in diesem jammervollen Zustand nicht mehr in der Stadt bleiben und zog hinaus aufs Feld. Dort verließ er bald die Straßen und strich durch die Wiesen, bis er bei Eintritt der Dunkelheit an ein Flußufer gelangte. Hier überfiel ihn ein verzweifelter Gedanke: «Wo soll ich denn

hingehen, um meinen Palast zu suchen?» sagte er zu sich selbst. «In welcher Provinz, in welchem Land, in welchem Erdteil kann ich ihn samt meiner lieben Prinzessin finden? Das werde ich nimmer schaffen, deshalb ist es wohl am besten, ich befreie mich von aller Last und all der Trauer, die mein Herz zerreißt.» Daraufhin wollte er sich ins Wasser stürzen, dachte aber noch gerade rechtzeitig daran, wie ein guter Moslem vorher sein Gebet zu verrichten. Als Vorbereitung dazu ging er zum Wasser hin, um sich Hände und Gesicht zu waschen, wie es in jenem Land üblich war. Da das Flußufer aber etwas abschüssig und naß war, rutschte er aus und wäre mit Sicherheit in das Wasser gefallen, wenn er sich nicht schnell an einem etwas vorspringenden Felsen festgehalten hätte. Zu seinem Glück trug er noch den Ring am Finger, den ihm der Afrikanische Zauberer vor seinem Ausflug in den dunklen Keller angesteckt hatte. Da er im Ausgleiten ziemlich stark an diesem Ring rieb, erschien sofort der nämliche Geist und sagte zu ihm: *«Was willst du? Hier siehst du mich bereit, dir und all jenen, die den Ring am Finger tragen, wie ein Sklave zu dienen; ich und alle anderen Sklaven des Ringes.»*
Aladin war über diese Erscheinung, die er in seiner jetzigen Situation so wenig erwartet hatte, hocherfreut und antwortete: «Geist, erhalte mir noch einmal mein Leben und sage mir, wo der Palast hingekommen ist, den ich hatte bauen lassen; oder sorge lieber gleich dafür, daß er sofort wieder an seinen angestammten Platz gebracht wird.» Der Geist gab zur Antwort: «Was du verlangst steht

nicht in meiner Macht, da ich nur der Sklave des Ringes bin. Für diese Sache mußt du dich an den Sklaven der Lampe wenden.» «Wenn das so ist», gab Aladin zurück, «dann bring mich an den Ort hin, wo mein Palast jetzt steht, und setze mich unter dem Fenster der Prinzessin Badroulboudour ab.» Kaum hatte er zu Ende gesprochen, da packte ihn der Geist und trug ihn geradewegs nach Afrika, mitten auf eine große Wiese, wo der Palast, nicht weit von einer Stadt entfernt, stand. Er setzte ihn direkt unter dem Zimmer der Prinzessin ab und verließ ihn dann.

Trotz der Dunkelheit, die ihn umgab, erkannte Aladin seinen Palast sofort wieder. Da es im Palast aber schon ganz still war, setzte er sich etwas abseits unter einen Baum. Angesichts des glücklichen Zufalls, der ihm neue Hoffnung gab, war er jetzt viel ruhiger als die Tage vorher, in denen ihm so großes Unglück widerfahren war und schlief bald ein.

Am nächsten Morgen wurde Aladin bei Anbruch der Morgenröte durch den lieblichen Gesang der Vögel auf seinem Baum und auf den Bäumen im Palastgarten geweckt. Als erstes fiel sein Blick auf das wunderbare Gebäude und er empfand eine unaussprechliche Freude darüber, daß er nun bald wieder der Herr dort drinnen sein und seine geliebte Prinzessin Badroulboudour wiedersehen sollte. Er stand auf und näherte sich erneut dem Zimmer der Prinzessin. Dort ging er so lange unter dem Fenster spazieren, bis man endlich aufstehen und ihn bemerken würde. Während er also wartete, überlegte er immer wieder, woher nur das ganze Unglück über ihn hereingebrochen war. Nachdem er lange genug nachgesonnen hatte, zweifelte er nicht mehr daran, daß sein Elend nur daher rührte, daß er die Lampe nicht genügend versteckt hatte. Noch mehr Kummer als seine eigene Unachtsamkeit und Sorglosigkeit aber bereitete ihm die Tatsache, daß er nicht wußte, wer ihm sein Glück so neidete. Er hätte es aber leicht erraten, wenn er gewußt hätte, daß er sich in Afrika befand. Der Geist jedoch hatte ihm dieses nicht gesagt und er selbst hatte sich nicht danach erkundigt.

An jenem Morgen nun stand die Prinzessin Badroulboudour früher auf, als sie es seit ihrer Entführung durch den Afrikanischen Zauberer zu tun pflegte. Obwohl sie dessen Gegenwart jeden Tag einmal hatte ertragen müssen, weil er den Palast völlig im Besitz hatte, war sie ihm doch jedesmal so hart entgegengetreten, daß er bisher noch nicht den Mut besessen hatte, dort einzuziehen. Als sie angekleidet war, sah eine der Kammerzofen durch ein Fenstergitter hinaus und erblickte Aladin. Eilig lief sie daraufhin zu ihrer Herrin und berichtete ihr davon. Da die Prinzessin diese Nachricht jedoch nicht glauben wollte, ging sie rasch selbst ans Fenster und fand den Bericht ihrer Zofe bestätigt. Augenblicklich öffnete sie das Fenster und Aladin, der das Geräusch wahrnahm, blickte nach oben. Als er die Prinzessin erkannte, grüßte er sie voller Freude und die Prinzessin rief ihm zu: «Um keine Zeit zu verlieren ist schon jemand unterwegs, um Euch die Geheimtür zu öffnen. Geht schnell herein

und kommt zu mir herauf.» Nach diesen Worten schloß sie das Fenster wieder.
Die Geheimtür war genau unter dem Fenster der Prinzessin, so daß Aladin ohne Verzögerung hinauf in ihr Gemach gehen konnte. Unmöglich ist es, die Freude zu beschreiben, die beide bei ihrem Wiedersehen empfanden, denn keiner von ihnen hatte daran geglaubt, daß sie sich noch einmal sehen würden. Sie umarmten sich viele Male, küßten sich und zeigten auch sonst alle Merkmale großer Zuneigung zueinander. Als die ersten, unter Freudentränen gemachten Umarmungen vorbei waren, setzten sie sich, und Aladin fing an zu reden: «Prinzessin, ehe ich über etwas anderes mit Euch spreche, sagt mir nicht nur um Gottes, sondern auch um Euret Willen und um Eures Vaters Willen, wo die alte Lampe hingekommen ist, die ich vor meiner Abreise zur Jagd auf den Säulensims im großen Saal gestellt hatte.»
«Ach, liebster Gemahl», rief die Prinzessin, «ich habe mir wohl gedacht, daß unser beider Unglück von dieser Lampe herrührt und am meisten schmerzt mich, daß ich selbst die Schuld daran trage.» «Prinzessin», antwortete Aladin, «gebt Euch nicht die Schuld, denn ich hätte besser auf sie aufpassen sollen. Aber jetzt laßt uns als erstes überlegen, wie wir den Verlust wieder gut machen können. Daher tut mir den Gefallen, und erzählt mir genau, wie sich alles zugetragen hat und wem sie in die Hände gefallen ist.»
Daraufhin erzählte ihm die Prinzessin Badroulboudour, was nach dem Tausch der alten gegen die

neue Lampe geschehen war und ließ die neue gleich holen, damit er sie ansehen könne. Sie berichtete, wie sie abends mitsamt dem Palast weggetragen worden war und sich am nächsten Morgen in dem unbekannten Land wiedergefunden hätte, das Afrika heiße, wie ihr der Verräter selbst gesagt habe.

«Prinzessin», unterbrach Aladin sie, «indem Ihr mir den Namen des Landes genannt habt, in welchem wir uns befinden, kenne ich auch schon den Verräter. Es ist der allergemeinste Mensch auf der Welt, aber weder ist hier die Zeit noch der Ort, Euch über seine Bosheiten Näheres zu erzählen. Nur bitte ich Euch mir zu sagen, was er mit der Lampe gemacht und wo er sie versteckt hat.» «Er trägt sie immer in kostbares Tuch eingewickelt unter seinem Hemd bei sich», erwiderte die Prinzessin. «Ich weiß es genau, weil er sie vor mir einmal herausgezogen und mir als Siegeszeichen gezeigt hat.» «Meine Prinzessin», sagte Aladin daraufhin zu ihr, «nehmt mir meine vielen Fragen nicht übel, aber Euch wird an der Sache ebenso viel liegen wie mir. Sagt mir doch vor allem, wie es Euch in der Gewalt eines so boshaften Menschen geht?» «Seit ich hier bin», antwortete die Prinzessin, ist er jeden Tag nur einmal bei mir erschienen und ich glaube, daß die schlechte Behandlung, die er bei seinen Besuchen erfährt, ihn daran gehindert hat, mich öfter heimzusuchen. Im übrigen zielt all sein Reden nur darauf ab, mich dazu zu überreden, die Treue zu brechen, die ich Euch geschworen habe. Stattdessen soll ich ihn zum Gemahl nehmen,

wobei er mir einzureden versucht, daß Ihr ohnehin nicht mehr am Leben seid, weil mein Vater, der Sultan, Euch den Kopf habe abschlagen lassen. Um sich aber ins rechte Licht zu rücken behauptet er außerdem, daß Ihr ein undankbarer Mensch wäret, der sein Glück nur ihm zu verdanken habe. Und er sagt noch viel mehr, was ich ihn immer, ohne hinzuhören, sagen lasse. Und weil er von mir nichts anderes als bittere Klagen und Tränen als Antwort bekommt, so geht er jedesmal genauso ärgerlich davon, wie er gekommen ist. Ich zweifle jedoch nicht, daß er nur meinen heftigsten Schmerz vorbeigehen lassen will, um mich später dann doch zu einer anderen Meinung zu bewegen. Und wenn ich mich dennoch seinem Willen widersetzen sollte, würde er wohl Gewalt anwenden. Aber Eure Gegenwart, liebster Gemahl, hat alle meine Angst vertrieben.» «Prinzessin», fiel Aladin ihr ins Wort, «ich bin sehr zuversichtlich, daß Eure Angst für immer vertrieben bleibt. Denn ich glaube ein Mittel zu haben, daß Euch von Eurem und meinem Feind befreit. Dazu muß ich in die Stadt gehen, werde aber gegen Mittag wieder hier sein. Dann werde ich Euch meinen Plan mitteilen und Euch sagen, was Ihr dazu beitragen müßt. Ihr dürft Euch nicht wundern, wenn ich in anderen Kleidern als meinen jetzigen erscheine. Gebt außerdem den Befehl, daß man mich gleich beim ersten Klopfen wieder durch die Geheimtür einläßt und nicht warten läßt.»
Nachdem Aladin aus dem Zimmer und durch die Geheimtür hinausgegangen war, sah er sich um und bemerkte einen Bauern, der gerade auf sein

Feld ging. Er lief schnell zu ihm hin und bot ihm an, die Kleider miteinander zu tauschen, womit der Bauer nach einigem Reden einverstanden war. Als sie die Kleider hinter einem Busch gewechselt hatten, ging Aladin ohne weiteres Zögern auf die Stadt zu. Dort begab er sich in die Straßen, wo am meisten Menschen waren, und kam bald an einen Platz, an dem die verschiedensten Kaufleute und Handwerker ihre Geschäfte hatten. Dort betrat er den größten Handelsladen und verlangte ein bestimmtes Pulver. Der Kaufmann, der beim Anblick von Aladins Kleidern annahm, dieser könne soviel Geld nicht haben, gab ihm zur Antwort, er habe jenes Pulver zwar, es sei aber sehr teuer. Da Aldin die Gedanken des Kaufmanns sofort erriet, zog er einen Beutel mit Gold heraus und ließ jenen etwas davon sehen. Dann verlangte er zwanzig Gramm des Pulvers, was ihm der Kaufmann abwog, einpackte und gegen ein Goldstück aushändigte. Nachdem er noch eine kleine Mahlzeit zu sich genommen hatte, verließ Aladin daraufhin wieder die Stadt.

Zurück im Palast brauchte er keine Sekunde zu warten, da ihm die Geheimtür sofort aufgemacht wurde. Oben im Zimmer der Prinzessin Badroulboudour angekommen sagte er zu dieser: «Prinzessin, angesichts der Abscheu, die Ihr vor dem Räuber habt, wird es Euch vielleicht schwer fallen, das zu tun, was ich jetzt von Euch verlange. Laßt mich Euch jedoch sagen, daß es das beste ist, wenn Ihr Euch nun verstellt, auch wenn Ihr Euch dazu zwingen müßt, sofern Ihr Euch von seinen Nachstellungen für immer befreien und Euren Vater, den Sultan, bald wiedersehen wollt. Wenn Ihr also meinen Rat befolgen wollt, dann zieht jetzt Eure schönsten Kleider an. Sobald der Afrikanische Zauberer wie gewöhnlich kommt, empfangt ihn mit fröhlichem Gesicht und heiterer Miene. Und sollte dennoch ein Rest von Mißmut auf Eurem Gesicht erscheinen, so laßt ihn wenigstens glauben, daß auch dieser mit der Zeit vergeht. Gebt ihm während der Unterhaltung außerdem zu verstehen, daß Ihr Euch bemüht, mich zu vergessen. Als Zeichen Eurer Aufrichtigkeit bittet Ihr ihn dann, zum Abendessen bei Euch zu bleiben, wobei Ihr ihm andeutet, daß Ihr gerne den besten Wein seines Landes probieren würdet. Er wird nicht zögern, sofort wegzugehen, um solchen zu holen. In dieser Zeit nehmt einen Becher, der genauso aussieht wie derjenige, aus dem Ihr normalerweise zu trinken pflegt, und tut etwas von diesem Pulver hinein, das ich Euch jetzt gebe. Mit den Frauen, die Euch bei Tisch bedienen werden, macht Ihr dann ein Zeichen aus, auf das hin sie diesen Becher voller Wein füllen und Euch geben. Wenn Ihr mit dem Zauberer später bei Tisch sitzt und gegessen und getrunken habt, laßt Euch besagten Becher bringen und tauscht ihn mit demjenigen des Zauberers. Das wird er für eine solche Ehre halten, daß er es nimmermehr ausschlagen wird. Viel eher wird er den Becher gänzlich leeren, so daß auch nicht ein Tropfen übrigbleibt. Kaum hat er jedoch den Becher ausgetrunken, werdet Ihr sehen, wie er zusammenbricht. Ihr könnt trotz aller Abscheu, die Ihr empfinden mögt, ohne Furcht seinen Becher nehmen, denn das Pulver wirkt so schnell, daß er kaum mehr merken wird, ob Ihr wirklich daraus trinkt oder nicht.»

Als Aladin ausgeredet hatte, sagte die Prinzessin zu ihm: «Ich gestehe Euch, daß ich mir großen Zwang antun muß, wenn ich dem Zauberer so freundlich begegnen soll. Aber ich sehe ein, daß es nötig ist. Ich will daher tun, was Ihr von mir verlangt.» Nachdem so alles mit der Prinzessin abgesprochen war, verabschiedete Aladin sich und verbrachte den Rest des Tages in der Nähe des Palastes. Erst als die Nacht hereinbrach, begab er sich wieder zu der Geheimtür.

Seit der Trennung von ihrem geliebten Gemahl und ihrem Vater hatte die Prinzessin Badroulboudour vor lauter Gram keinerlei Wert mehr auf ihren Putz und ihre Kleider gelegt. Jetzt aber, da sich die Gelegenheit bot, sich an dem verhaßten Zauberer zu rächen, entschloß sie sich, Aladins Vorschläge zu befolgen. Deshalb setzte sie sich, sobald er fort war, an ihren Putztisch und ließ sich von ihren Kammerzofen den schönsten Kopfschmuck aufsetzen, zog das kostbarste und zugleich reizendste Kleid an und legte einen Gürtel um, der mit viel Gold und den schönsten Diamanten besetzt war. Um den Hals legte sie ein Kollier aus dreizehn Perlenreihen. Im übrigen schmückte sie sich mit Armbändern, die mit Rubinen und Diamanten besetzt waren und die Kostbarkeit des Gürtels und der Halskette aufs trefflichste ergänzten. Als sie endlich fertig angekleidet war, betrachtete sie sich im Spiegel und fragte auch ihre Frauen, wie ihr alles zu Gesicht stünde. Und nachdem sie überzeugt war, daß nichts fehlte, was der närrischen Liebe des Zauberers schmeicheln würde, setzte sie sich auf das Sofa im Kuppelsaal und wartete auf ihn.

Der Zauberer kam zu seiner gewohnten Stunde. Sobald ihn die Prinzessin eintreten sah, erhob sie sich von ihrem Sitz und zeigte ihm seinen Platz. Eine solche Höflichkeit hatte sie ihm noch nie zuteil werden lassen. Der Afrikanische Zauberer wurde mehr noch durch die glänzenden Augen der Prinzessin geblendet als durch den Schein der Edelsteine. Und ihr majestätisches Aussehen sowie ihre Freundlichkeit verwunderten und verwirrten ihn so sehr, daß er ganz außer sich war. Daher wollte er zunächst nur auf dem Rand des Sofas Platz nehmen; doch als er sah, daß die Prinzessin sich nicht eher niederlassen wollte, bis er den ihm angebotenen Platz eingenommen hatte, setzte er sich hin.
Um ihn aus seiner Verwirrung zu reißen blickte sie ihn freundlich an und sagte zu ihm: «Ohne Zweifel werdet Ihr Euch wundern, mich heute ganz anders als bisher zu sehen. Ich muß Euch jedoch erklären, daß ich ein Temperament habe, welches danach trachtet, alle Traurigkeit und Schwermut so bald wie möglich abzulegen. Deshalb habe ich Euren Bericht über Aladins Verhängnis noch einmal durchdacht und gefunden, daß Ihr wahrscheinlich recht habt und der schreckliche Zorn meines Vaters ihn ereilt haben wird. Wenn ich ihn nun halsstarrig mein ganzes Leben lang beweinen würde,

so würde er doch davon nicht wieder lebendig. Deshalb bin ich zu dem Entschluß gekommen, nach Ablauf der Frist, die ich ihm aufgrund meiner Liebe und Pflicht schuldig bin, alles zu versuchen, um mich darüber hinweg zu trösten. Aus diesem Grund seht Ihr die Veränderung an mir. Und um gleich damit zu beginnen, alle Ursachen für meine Traurigkeit zu entfernen, hoffe ich, daß Ihr so gut sein werdet, mir bei der heutigen Abendmahlzeit Gesellschaft zu leisten. Da ich im Keller nur chinesischen Wein habe, wir jedoch hier in Afrika sind, habe ich außerdem Lust bekommen, den Wein dieses Landes zu kosten. Ich bin sicher, daß Ihr zweifellos den besten kennen und zu besorgen wißt, sofern es hier welchen gibt.»
Da es der Afrikanische Zauberer für unmöglich angesehen hatte, so schnell und leicht der Gnade der Prinzessin teilhaftig zu werden, gab er ihr zu verstehen, daß ihm die Worte fehlten, seiner Freude über ihre Güte Ausdruck zu verleihen. Er versicherte ihr, daß Afrika sich rühmen könne, ganz vortreffliche Weine hervorzubringen und der beste sogar zufällig in der Gegend wachse, in der sie sich aufhielten. In der Tat habe er selbst einen sieben Jahre alten Wein in seinem Keller, der ohne Übertreibung die besten Weine der Welt an Qualität übertreffe. «Wenn meine Prinzessin erlaubt», fügte er hinzu, «will ich nun hingehen und zwei Flaschen davon holen und so rasch als möglich wiederkommen.» «Es täte mir leid, wenn ich Euch so viel Mühe machen sollte», sagte die Prinzessin zu ihm. «Besser wäre es, Ihr würdet jemand darum schicken.» «Ich

muß selber gehen», erwiderte der Zauberer, «weil niemand weiß, wo der Schlüssel zum Magazin ist und auf welche Art man das Schloß öffnen muß.»
«Wenn das so ist», versetzte die Prinzessin, «dann geht also hin und kommt recht bald wieder. Bedenkt auch, daß wir gleich die Tafel decken und uns hinsetzen wollen, sobald Ihr wiederkommt.»
Da der Afrikanische Zauberer voller Hoffnung auf sein vermeintliches Glück war, lief er nicht nur, um den Wein zu holen, sondern flog vielmehr, denn er war in Windeseile wieder zurück.
In der Zwischenzeit hatte die Prinzessin, die mit seiner raschen Rückkehr gerechnet hatte, geschwind selbst das Pulver in den Becher geschüttet und anschließend sofort das Essen auftragen lassen. Sie setzten sich so an die Tafel, daß der Zauberer dem Tisch mit den Getränken den Rükken zukehrte. Die Prinzessin gab ihm nur die besten Stücke und sagte: «Wenn Euch danach der Sinn steht, könnte ich Euch etwas vorsingen und -spielen. Da wir aber nur zu zweit sind, scheint es mir vergnüglicher zu sein, wenn wir uns über dies und jenes unterhalten.»
Diesen Vorschlag sah der Zauber als ein weiteres Zeichen der Gunst der Prinzessin an. Als sie einige Bissen gegessen hatten, verlangte die Prinzessin nach etwas zu trinken und hob das Glas auf die Gesundheit des Zauberers. Nach dem ersten Schluck sagte sie zu ihm: «Ihr habt recht gehabt, Euren Wein zu loben; ich habe in meinem Leben noch keinen besseren getrunken.» «Schönste Prinzessin», antwortete er, indem er den Becher, den

man ihm sogleich gebracht hatte, erhob, «mein Wein bekommt eine ganz neue Qualität durch Euer Lob.» «Ei, so trinkt denn auf meine Gesundheit», erwiderte die Prinzessin, «Ihr werdet sehen, daß Euch das ganz ausgezeichnet bekommt.» Als er den Becher daraufhin geleert hatte, sagte er zu ihr: «Prinzessin, ich bin froh, dieses Fäßchen Wein für eine so gute Gelegenheit aufgehoben zu haben, denn ich gestehe, daß ich in meinem Leben keinen getrunken habe, der Euer Lob so sehr verdient wie dieser.»

Nachdem sie auf diese Art weiterspeisten und noch dreimal angestoßen und getrunken hatten, gab die Prinzessin, die den Afrikanischen Zauberer durch ihre reizenden Manieren vollends für sich eingenommen hatte, ihren Frauen das verabredete Zeichen. Gleichzeitig verlangte sie nach ihrem Becher voll Wein und gab Befehl, den Becher des Zauberers ebenso zu füllen. Als beide ihren Becher in der Hand hielten, sagte sie zu ihm: «Ich weiß nicht, wie man sich hierzulande verhält, wenn man sich wirklich lieb hat und auch miteinander trinkt, wie wir es jetzt tun. Bei uns in China jedenfalls geben Liebster und Liebste sich jeweils ihren Becher und trinken auf die Gesundheit des anderen.» Daraufhin reichte sie ihm ihren Becher und streckte ihm die Hand entgegen, um den seinen in Empfang zu nehmen.

Der Afrikanische Zauberer beeilte sich voller Vergnügen, den Tausch zu vollziehen, hielt er es doch für das sicherste Zeichen, das Herz der Prinzessin ganz erobert zu haben. Ehe er aber trank sagte er zu ihr: «Prinzessin, wir Afrikaner sind in der Kunst der Liebe längst nicht so subtil wie die Chinesen. Um so mehr bin ich über Eure Freundlichkeit beglückt, da Ihr mir die Bedeutung Eures Handelns erklärt habt. Und ich werde nimmermehr vergessen, liebste Prinzessin, daß ich durch den Trunk, den ich aus Eurem Becher tun darf, mein Leben wiedergewinne; denn wenn Eure Grausamkeit noch länger gewährt hätte, so wäre ich ohne Zweifel daran gestorben.»

Weil aber das lange Gerede des Afrikanischen Zauberers der Prinzessin nur schwer erträglich war, unterbrach sie ihn und sagte: «Erst laßt uns trinken, danach könnt ihr mit Euren Komplimenten fortfahren.» Damit setzte sie den Becher an den Mund, berührte ihn aber nur mit spitzen Lippen. Der Zauberer dagegen beeilte sich, ihr zuvorzukommen, und leerte seinen Becher in einem Zug, ohne einen Tropfen darinnen zu lassen. Als er dabei den Kopf ganz nach hinten legte, blieb er in dieser Haltung sitzen, bis die Prinzessin schließlich merkte, daß er die Augen verdreht hatte und lautlos gestorben war.

Die Prinzessin brauchte keinen Befehl mehr zu geben, Aladin die Geheimtür zu öffnen. Die Zofen hatten sich nämlich gemäß ihrer Anweisung in einer Reihe vom Kuppelsaal bis hinunter zur Tür aufgestellt, so daß die Nachricht über den geglückten Anschlag in Windeseile bis nach unten verbreitet werden konnte. Aladin ging sofort hinauf in den großen Saal, wo der Zauberer ausgestreckt auf dem Sofa lag. Als die Prinzessin Badroulboudour jedoch mit offenen Armen freudig auf Aladin zuging, um ihn zu umarmen, hielt dieser sie zurück und sagte: «Prinzessin, es ist noch nicht die Zeit dazu. Tut mir den Gefallen und geht in Euer Zimmer und befehlt, daß man mich allein läßt. Ich will nämlich sofort dafür sorgen, daß Ihr so schnell wieder zurück nach China kommt, wie Ihr von dort entführt worden seid.»

Kaum war die Prinzessin hinausgegangen, als Aladin sich dem toten Körper des Zauberers näherte. Er öffnete dessen Hemd, zog die Lampe heraus, wickelte sie aus und rieb sie auf die gewohnte Weise. Sofort erschien der Geist und bot ihm seine Dienste an. «Höre Geist», sagte Aladin, «ich habe dich gerufen, damit du diesen Palast unverzüglich wieder nach China bringst, und zwar an eben jenen Ort, von wo er vor kurzer Zeit hierher getragen wurde.» Nachdem der Geist durch leichtes Neigen des Kopfes zu verstehen gegeben hatte, daß er gehorchen wollte, verschwand er. Kurz darauf fand der Transport statt, wobei man nicht mehr spürte, als das Aufheben und das Aufsetzen des Palastes, was in rascher Abfolge geschah.

Danach ging Aladin hinunter in das Gemach der Prinzessin, umarmte sie zärtlich und sagte: «Prinzessin, ich kann Euch versichern, daß morgen Eure und meine Freude vollkommen sein wird.» Da die Prinzessin noch nicht fertig mit Essen und Aladin äußerst hungrig war, ließ sie die angerichteten Speisen aus dem großen Saal in ihr Zimmer herunter holen. Und sie aßen beide zusammen und tranken den guten alten Wein des Zauberers. Ihr Gespräch war, wie man sich denken kann, sehr

vergnügt, und sie begaben sich bald danach in ihr Schlafzimmer.
Der Sultan war seit der Entführung von Aladins Palast und vor allem über den Verlust seiner Tochter gar nicht zu trösten gewesen. Er schlief weder bei Tag noch bei Nacht, und statt alles zu vermeiden, was sein Trübsal vergrößern konnte, tat er alles, um dieses zu vermehren. Statt nur einmal am Morgen in das Kabinett zu gehen, um sich wie früher an dem anmutigen Anblick des Palastes zu erfreuen, ging er nämlich viele Male dorthin und vergoß immer neue Tränen über den leeren Platz.
An dem Morgen, an welchem Aladins Palast wieder dort stand, begab sich der Sultan wie gewöhnlich bei anbrechender Morgenröte in das Kabinett. Er befand sich in so trübsinniger Stimmung, daß er traurig auf den Platz blickte, ohne den Palast wahrzunehmen. Als er aber gewahr wurde, daß die leere Stelle voll war, bildete er sich anfangs ein, es sei nur der Nebel. Bei genauerem Hinsehen erkannte er jedoch, daß es ohne Zweifel Aladins Palast war. Seine bisherige Traurigkeit und Melancholie wurden augenblicklich abgelöst von einer großen Freude, und er eilte zurück in sein Zimmer, wo er sofort nach einem gesattelten Pferd verlangte. Kaum stand dieses bereit, stieg er auf und ritt so schnell wie möglich zu Aladins Palast. Da aber Aladin vorausgesehen hatte, was passieren würde, war auch er bereits vor Tagesanbruch aufgestanden, hatte eines seiner prächtigsten Gewänder angelegt und war hinauf in den Kuppelsaal gegangen,

von wo aus er den Sultan kommen sehen konnte. Als er ihn erblickte eilte er nun herunter und empfing ihn am Fuß der Treppe. Der Sultan sagte zu ihm: «Aladin, ich kann nicht mit Euch reden, bevor ich nicht meine Tochter gesehen und in die Arme geschlossen habe.»
Aladin führte ihn also zunächst in das Zimmer der Prinzessin Badroulboudour. Diese hatte sich bereits standesgemäß ankleiden lassen und war gerade damit fertig, als ihr Vater, der Sultan, eintrat. Tränenüberströmt vor Freude umarmte er sie viele Male, und auch sie zeigte sich über die Maßen gerührt über das Wiedersehen. Endlich fing der Sultan an zu reden und sagte: «Auch wenn Ihr mir wenig verändert scheint, was vielleicht an der Freude über unser Wiedersehen liegen mag, so glaube ich wohl, daß Ihr viel Verdrießliches ausgestanden habt. Denn man wird nicht so leicht mitsamt seinem Palast davongetragen, ohne einen gewaltigen Schrecken und furchtbare Angst zu bekommen. Ich möchte, daß Ihr mir alles darüber erzählt und mir nichts verschweigt.» Da die Prinzessin ihrem Vater gerne Folge leisten wollte, sagte sie: «Allergnädigster Herr, wenn ich Ihnen so wenig verändert vorkomme, so liegt das daran, daß ich mich schon seit gestern morgen von meinem Schrecken erholen konnte. Da kam nämlich Aladin, mein lieber Gemahl und Erretter, den ich schon längst verloren geglaubt hatte. Und das Glück, ihn wieder in die Arme schließen zu können, hat mich wieder in meinen gewohnten Gemütszustand versetzt. Denn meine ganze Traurigkeit be-

stand vor allem darin, von Euch und von meinem Gemahl getrennt sein zu müssen. Was letzteren anlangt, war ich jedoch nicht nur besorgt über die Trennung, sondern vor allem über die möglichen Folgen Eures Zorns, der den Unschuldigen treffen könnte.
Von dem frechen Räuber indessen habe ich nicht viel erdulden müssen, denn obwohl er übel mit mir geredet hat, besaß ich doch eine solche Macht über ihn, daß ich ihm immer Einhalt gebieten konnte. Im übrigen war ich in meiner Bewegungsfreiheit genauso wenig eingeschränkt wie hier. Was aber meine Entführung betrifft, so hat Aladin keinerlei Anteil daran, sondern es war ganz und gar allein meine Schuld.»
Um den Sultan davon zu überzeugen, daß sie die Wahrheit sagte, berichtete sie ihm nun ausführlich, wie sie dem verkleideten Afrikanischen Zauberer Aladins Lampe gegeben, von deren Geheimnis sie nichts gewußt hatte; wie sie dann mitsamt dem Palast nach Afrika entführt worden sei, wo zwei ihrer Zofen und ein Eunuch, die den Lampentausch vorgenommen hätten, den Zauberer wiedererkannt hatten, als dieser sie mit dem unverschämten Ansinnen besuchte, sie solle ihn heiraten. Dann erzählte sie, was sie bis zu Aladins Ankunft noch hatte erdulden müssen und wie sie ihm schließlich den vergifteten Wein gegeben hatte. «Was dann geschah», schloß sie ihren Bericht, «so wird Aladin Euch darüber Rechenschaft ablegen.»
Doch Aladin hatte wenig zu ergänzen und sagte

nur: «Nachdem man mir die Geheimtür geöffnet hatte und ich oben im Kuppelsaal angekommen war, sah ich den Verräter tot auf dem Sofa liegen. Sobald ich allein war, zog ich ihm die Lampe aus dem Hemd und bediente mich ihrer auf die gleiche Art, wie es der Zauberer getan hatte, um den Palast zu entführen. Auf diese Weise steht nicht nur der Palast wieder auf seinem Platz, sondern ich habe Euch auch Eure Tochter, die Prinzessin, wieder zurückgebracht, wie Ihr es befohlen habt. Wenn Eure Majestät sich überzeugen wollen, daß ich die Wahrheit gesagt habe, so mögen Sie sich die Mühe machen und hinauf in den Kuppelsaal gehen, wo der Missetäter ausgestreckt auf dem Sofa liegt.»
Um sich der Wahrheit gänzlich zu vergewissern, ging also der Sultan hinauf, und als er den Afrikanischen Zauberer, dessen Gesicht von dem starken Gift schon ganz schwarz geworden war, dort liegen sah, umarmte er Aladin mit großer Inbrunst und sagte: «Mein Sohn, nehmt mir nicht übel, daß ich Euch so hart behandelt habe, aber die väterliche Liebe hat mich dazu gezwungen.» «Allergnädigster Herr», antwortete Aladin, «ich habe keinerlei Grund, mich über Euer Verhalten zu beklagen. Ihr habt nur das getan, was Ihr tun mußtet; dieser böse Zauberer ist allein an all meinem Unglück Schuld. Wenn Eure Majestät einmal Zeit hat, so will ich Euch erzählen, welch andere Grausamkeit er an mir begangen hat, die mindestens so schlimm wie diese letzte ist, von welcher ich durch Gottes Gnade bewahrt worden bin.» «Dazu will ich mir bald die Zeit nehmen», erwiderte der Sultan. «Jetzt aber

laßt uns feiern und sorgt dafür, daß diese verhaßte Person beiseite geschafft wird.»
Aladin befahl also, daß die Leiche des Afrikanischen Zauberers auf den Schindanger geworfen und den Tieren zum Fraß vorgeworfen werden sollte. Der Sultan veranlaßte unterdessen, daß aus Freude über die Wiederkehr der Prinzessin Badroulboudour zehn Tage lang ein großes Fest mit Pauken und Trompetenmusik gefeiert werde.
So war Aladin zum zweiten Mal der Todesgefahr entronnen, aber nicht zum letzten Mal, wie wir gleich berichten wollen.
Der Afrikanische Zauberer hatte nämlich einen jüngeren Bruder, der in der Zauberkunst nicht weniger geschickt und erfahren war als jener; ja man kann sogar sagen, daß er noch schändlicher war. Da sie aber nicht immer in der gleichen Stadt wohnten, hatten die beiden Brüder die Angewohnheit, mittels der Punktierkunst herauszufinden, in welchem Teil der Welt sich der andere gerade aufhielt, wie es ihm ginge und ob er vielleicht Hilfe benötige.
Einige Zeit, nachdem der Afrikanische Zauberer bei seinem Versuch, Aladin zu schaden, selbst ums Leben gekommen war, wollte nun sein jüngerer Bruder herausfinden, wie es ihm ginge, da er seit über einem Jahr nichts mehr von ihm gehört hatte. Daher nahm er ein gleiches Kästchen, wie es auch der Afrikanische Zauberer benutzt hatte, schüttelte den Sand darin, ordnete die Punkte und zog die nötigen Figuren. Indem er jede Möglichkeit probierte fand er heraus, daß sein Bruder nicht mehr

auf der Welt war, sondern vielmehr vergiftet worden und gestorben war. Desgleichen fand er heraus, daß derjenige, der ihn vergiftet hatte, in der Hauptstadt Chinas lebte, und obwohl ein Mensch niederer Herkunft, mit der Prinzessin verheiratet war.

Statt seinen Bruder nun unnütz zu beklagen, was ihn nicht wieder zum Leben erweckt hätte, nahm er sich vor, jenen zu rächen. Also setzte er sich auf ein Pferd und machte sich auf den Weg nach China. Er reiste durch Ebenen, Flüsse, Gebirge und Wüsten und kam endlich nach einer langen, beschwerlichen Reise in Chinas Hauptstadt an, wo er sich ein Zimmer mietete. Am Tag nach seiner Ankunft ging der Zauberer aus und spazierte durch die Stadt; allerdings tat er das weniger, um deren Schönheiten zu bewundern, als vielmehr um sein schändliches Vorhaben vorzubereiten. Er begab sich vor allem in jene Straßen, in denen die meisten Leute waren und hörte überall zu, was gesprochen wurde. An einem Platz, wo man sich mit Spielen und Erzählen die Zeit vertrieb, hörte er nun, wie man über eine gewisse Frau redete, die der Welt entsagt habe und Fatima hieß. Man schilderte nicht nur ihre Schönheit und Tugend, sondern berichtete auch von wahren Wunderwerken, die sie vollbringe. Da er glaubte, diese Frau könne ihm in seiner Angelegenheit vielleicht von Nutzen sein, so zog er einen der Männer beiseite und fragte, was es denn mit dieser heiligen Frau für eine Bewandtnis habe und welche Art von Wunderwerken sie vollbringe.

«Wie?» sagte dieser Mann, «Ihr habt diese Frau weder gesehen noch von ihr reden hören, obwohl sie

doch die ganze Stadt durch ihr Fasten, ihr strenges Leben und ihr gutes Vorbild in Bewunderung versetzt? Es ist allerdings wahr, daß sie außer montags und freitags nicht aus ihrer kleinen Zelle kommt. An diesen beiden Tagen jedoch, an denen sie sich in die Stadt begibt, tut sie unsäglich viel Gutes und es geht keiner davon, dem sie seine Kopfschmerzen nicht durch Handauflegen genommen hätte.» Mehr wollte der Zauberer nicht wissen, sondern fragte nur noch, in welchem Teil der Stadt er die Einsiedelei der heiligen Frau finden könne. Als ihm der Mann die gewünschte Auskunft gegeben hatte, faßte er seinen Plan, von dem wir bald berichten werden. Um sich völlig der gegebenen Auskünfte zu vergewissern, beobachtete er an ihrem folgenden Ausgangstag jeden ihrer Schritte und ließ sie nicht eher aus den Augen, als bis er die heilige Frau abends in ihre Einsiedlerklause zurückgehen sah.
Nachdem er sich das Haus gut eingeprägt hatte, begab er sich in ein nahegelegenes Teehaus, in dem man auch übernachten konnte. Der Zauberer aber blieb nicht dort, sondern aß nur ein wenig und unterhielt sich mit dem Hausherren über dieses und jenes. Dann bezahlte er und ging geradewegs zurück zur Einsiedelei der heiligen Fatima, wie das Haus in der ganzen Stadt genannt wurde. Dort hatte er keinerlei Mühe, die Tür zu öffnen, da sie nicht zugeschlossen war, und von innen geräuschlos wieder zuzumachen. Fatima lag schlafend auf einem schäbigen Sofa, das an die Zellenwand gerückt war. Nachdem er sich ihr genähert und

einen Dolch gezogen hatte, weckte er die Schlafende.

Fatima war in höchstem Maße bestürzt, als sie einen Mann vor sich stehen sah, der im Begriff war, sie umzubringen. Doch er tat es nicht, sondern setzte ihr nur den Dolch auf die Brust und sagte: «Wenn du schreist, bringe ich dich sofort um. Wenn du aber aufstehst und tust, was ich dir sage, so behältst du dein Leben.»

Zitternd vor Furcht stand Fatima auf. «Habe keine Angst», sagte der Zauberer, «ich will nichts weiter von dir als deine Kleider. Gib sie mir und nimm meine dafür.» Nachdem sie ihre Kleidung miteinander getauscht hatten fuhr er fort: «Färbe mir außerdem mein Gesicht so, daß ich wie du aussehe, und achte darauf, daß die Farbe nicht abgeht.» Als er merkte, daß sie noch immer zitterte, wollte er ihr Mut machen und sagte: «Du brauchst dich nicht zu fürchten, denn ich schwöre dir im Namen Gottes, daß ich dir das Leben schenke.» Daraufhin zündete Fatima eine Lampe an und tauchte einen Pinsel in einen bestimmten Saft. Während sie ihn damit anmalte versicherte sie ihm, daß die Farbe bestimmt nicht abgehen werde und man anschließend sein Gesicht nicht von dem ihren würde unterscheiden können. Danach setzte sie ihm die eigene Haube auf und zeigte ihm, wie er den Schleier umlegen müsse, wenn er in die Stadt ging. Endlich legte sie ihm noch einen Rosenkranz um den Hals, der bis auf die Taille hinabhing, und gab ihm den Stab in die Hand, den sie normalerweise zu tragen pflegte. Indem sie ihm dann einen Spiegel vorhielt, sagte sie zu ihm: «Seht Euch an, Ihr werdet zugeben, daß Ihr mir wirklich nicht ähnlicher sehen könntet.»

Der Zauberer hatte zwar alles wie gewünscht erhalten, den Eid jedoch, den er so heilig gesprochen hatte, hielt er gar schlecht. Damit man kein Blut an seinem Dolch sah, erstach er Fatima zwar nicht, dafür aber würgte er sie zu Tode. Ihren Körper zog er dann an den Füßen bis zur Zisterne, die sich in der Einsiedelei befand, und warf ihn hinein.

Den Rest der Nacht brachte der Zauberer nun ebenfalls in der Einsiedelei zu und verließ erst am nächsten Morgen die Stätte seines Mordes, obwohl es ein Tag war, an dem die heilige Frau normalerweise nicht auszugehen pflegte. Er war sich sicher, daß niemand ihn darob zur Rede stellen würde; sollte ihn aber doch jemand fragen, so wollte er schon eine Antwort parat haben. Sobald die Leute die vermeintliche heilige Frau sahen, umringten sie sie in großer Zahl. Einige baten um Fürbitte in ihrem Gebet, andere küßten ihr die Hand, wieder andere küßten den Saum ihres Kleides und diejenigen, die von Kopfweh geplagt wurden oder sich davor schützen wollten, knieten vor ihr nieder, damit sie ihnen die Hand auflegen konnte. Der Zauberer tat dies unter einigem Gemurmel, das man wohl für ein Gebet halten konnte, und er machte es so trefflich nach, daß jeder ihn für Fatima hielt. Auf seinem Weg zu Aladins Palast, den er eingeschlagen hatte, mußte er noch oft auf diese Weise verharren; auf dem Platz vor dem Palast schließlich wurde das Gedränge immer grö-

ßer, und es entstand ein heftiges Zanken, weil sich die Stärksten und Kräftigsten nach vorn drängten, um als erste gehört zu werden. Der Lärm wurde bald so groß, daß auch die Prinzessin Badroulboudour, die sich gerade in dem Saal mit den vierundzwanzig Fenstern aufhielt, darauf aufmerksam wurde. Sie fragte, was es mit dem Lärm auf sich hätte, und als niemand ihr Antwort geben konnte, befahl sie nachzusehen und ihr anschließend Bericht zu erstatten. Eine ihrer Zofen blickte daraufhin aus dem Fenster und sagte, daß ein großer Haufen Volkes um die sogenannte heilige Frau herumstände, damit jene ihre Hand auflegen und damit die Kopfschmerzen heilen könnte.
Die Prinzessin hatte zwar schon vor langer Zeit von der heiligen Frau reden hören, aber sie hatte sie noch nie gesehen. Daher war sie neugierig, sie einmal kennenzulernen und mit ihr zu sprechen. Kaum hatte sie diesen Wunsch geäußert, so sagte der Obereunuch, der gerade zugegen war, daß es ein Leichtes sei, die Frau heraufkommen zu lassen; sie brauche es nur zu befehlen. Weil die Prinzessin damit einverstanden war, wurden vier Eunuchen mit dem Befehl hinuntergeschickt, die vermeintliche Fatima heraufzuholen.
Kaum waren die Eunuchen aus dem Tor herausgetreten und wandten sich der Frau zu, als sich die Menge zerstreute. Der Zauberer dagegen ging freudig auf die Eunuchen zu, da er den ersten Teil seines Planes so trefflich gelungen fand. Der Wortführer der Eunuchen sagte zu ihm: «Heilige Frau, die Prinzessin will Euch sehen; kommt mit und

folgt uns.» «Die Prinzessin erweist mir eine große Ehre», erwiderte der verkleidete Zauberer, «ich gehorche ihr gerne.» Damit folgte er den Eunuchen, die bereits wieder auf dem Weg in den Palast waren.

Als der Zauberer, der unter dem Kleid der Heiligkeit ein teuflisches Herz verbarg, in den großen Kuppelsaal geführt worden war, hub er ein Gebet an, das voller Gelübde und Wünsche für die Gesundheit, das Wohlergehen und die Erfüllung aller Begehren der Prinzessin war. Danach versuchte er sich mit Hilfe seiner heuchlerischen Redekunst unter dem Mantel der Frömmigkeit in das Herz der Prinzessin einzuschmeicheln. Das gelang ihm um so leichter, als diese von Natur aus gut war und jeden Menschen für genauso fromm und ehrlich hielt wie sie selbst es war, zumal wenn es sich um Männer oder Frauen handelte, die ihr Leben dem Dienste Gottes gewidmet hatten.

Als nun die vermeintliche Fatima ihre lange Rede beendet hatte, sagte die Prinzessin zu ihr: «Ich danke Euch, meine liebe Mutter, für Euer liebes Gebet. Ich habe die feste Zuversicht, daß Gott es erhören wird. Kommt her und setzt Euch zu mir.»

Als der Zauberer sich hingesetzt hatte, fuhr die Prinzessin fort: «Ehrwürdige Mutter, ich bitte Euch um etwas, das Ihr mir nicht ausschlagen dürft: Ihr sollt bei mir wohnen, damit Ihr mir von Eurem Leben erzählen könnt und ich zugleich von Euch und durch Euer gutes Beispiel lerne, wie ich Gott dienen kann.»

Der verstellte Zauberer gab daraufhin zur Antwort:

«Prinzessin, ich bitte Euch untertänigst, solches nicht von mir zu verlangen. Ich kann es nicht tun, wenn ich mich nicht in meinem Gebet und meinen Übungen zur Vergebung der Sünden ablenken lassen will.» «Ei, darum seid unbesorgt», erwiderte die Prinzessin. «Ich habe viele Zimmer, die leer stehen. Sucht Euch davon eines aus, das sich am besten eignet. Dort könnt Ihr Eure Übungen mit derselben Freiheit verrichten wie in Eurer Einsiedelei.» Da der Zauberer kein anderes Ziel hatte als Aladin kennenzulernen, hörte er auf, das Anerbieten noch länger abzulehnen. Er überlegte, daß sein gemeiner Plan viel leichter durchzuführen sein würde, wenn er im Palast wohnte, als wenn er jeden Tag etliche Male hin und hergehen mußte. Deshalb sagte er: «Eine elende und arme Frau wie ich mag auch noch so fest beschlossen haben, der Welt mit all ihrer Pracht und Herrlichkeit zu entsagen, so darf sie doch nicht die Kühnheit besitzen, sich dem Befehl und Willen einer so frommen und mildtätigen Prinzessin zu widersetzen.»

Auf diese Antwort hin stand die Prinzessin sofort auf und sagte zu ihm: «Steht auf und kommt mit mir. Ich will Euch die leeren Zimmer zeigen, die ich habe, damit Ihr Euch eines davon aussuchen könnt.» Er folgte der Prinzessin und wählte unter all den Zimmern, die so reichlich möbliert waren, dasjenige, welches ihm an wenigsten aufgeputzt erschien. Dabei bemerkte er heuchelnd, daß jenes noch mehr als zu gut für ihn sei.

Danach wollte die Prinzessin ihn wieder in den großen Saal führen und zu Mittag mit ihm speisen.

Weil er aber bei dem Essen sein Gesicht hätte entblößen müssen und weil er außerdem befürchtete, die Prinzessin möge Verdacht schöpfen, so bat er sie inständig, nicht darauf zu bestehen. Vielmehr äße er nichts anderes als Brot und Wasser, welches er gerne in seinem Zimmer zu sich nähme. «Meine liebe Mutter», sagte die Prinzessin zu ihm, «Ihr habt hier dieselben Freiheiten wie in Eurer Einsiedelei; ich werde Euch sofort das Nötige zu essen bringen lassen. Denkt aber bitte daran, daß ich Euch gleich nach dem Essen bei mir erwarte.» Die Prinzessin speiste also allein, und die vermeintliche Fatima ging sofort wieder zu ihr, als sie von einem Eunuchen die Nachricht erhielt, daß seine Herrin fertig mit der Mahlzeit sei. Die Prinzessin empfing sie mit den Worten: «Meine liebe Mutter, ich bin hocherfreut, daß eine so heilige Frau, wie Ihr es seid, in meinem Hause weilt und dem Palast ohne Zweifel Segen bringen wird. Und weil gerade von diesem Palast die Rede ist, so sagt mir doch, wie Ihr ihn findet? Was haltet Ihr vor allem von diesem Saal?» Bisher hatte sich die falsche Fatima immer bemüht, mit niedergeschlagenen Augen einherzugehen, um ihre Rolle möglichst gut zu spielen. Auf diese Frage hin jedoch hob sie die Augen auf und durchmaß den ganzen Saal mit ihrem Blick. Als sie ihn genügend betrachtet hatte, sprach sie zu der Prinzessin: «Prinzessin, dieser Saal ist allerdings bewundernswert und überaus schön. Trotzdem habe ich das Gefühl, sofern einer Einsiedlerin der Einwurf gestattet sei, die von den gemeinhin als schön bezeichneten Dingen der Welt nichts ver-

steht, daß noch etwas daran fehlt.» «Was denn, meine liebe Mutter?» fragte die Prinzessin Badroulboudour. «Ich bitte Euch, sagt es mir, denn was mich betrifft, so dachte ich bisher genau wie alle anderen Leute, daß er vollkommen sei.» «Prinzessin», erwiderte die falsche Fatima mit größter Scheinheiligkeit, «verzeiht mir, daß ich so freimütig bin. Dieser Saal würde auf der ganzen Welt einmalig sein, wenn hier oben, in diesem Kuppelrund, ein Roc-Ei hängen würde.»
«Meine gute Mutter», fragte daraufhin die Prinzessin. «Was ist denn der Roc für ein Vogel?» «Prinzessin», antwortete der Zauberer, «das ist ein Vogel von erschreckender Größe, der in den höchsten Höhen des Kaukasus lebt. Der Baumeister, der Euren Palast gebaut hat, kann sicher einen davon finden.» Nachdem sich die Prinzessin Badroulboudour bei der vermeintlichen heiligen Frau für den scheinbar guten Rat heftig bedankt hatte, fuhr sie fort, mit jener über verschiedene andere Dinge zu sprechen. Doch nahm sie sich fest vor, Aladin von dem Roc-Ei zu erzählen, wenn er von der Jagd nach Hause kam.
Jener war schon sechs Tage fort, was der Zauberer wohl wußte, da er sich dessen Abwesenheit zunutze machen wollte. Aladin kam aber an eben jenem Abend zurück, und zwar kurz nachdem die falsche Fatima die Prinzessin verlassen hatte und in ihr Zimmer gegangen war. Er eilte sofort in das Zimmer der Prinzessin und umarmte sie, doch kam es ihm vor, als begrüße diese ihn etwas kühl. Deshalb sagte er zu ihr: «Meine Prinzessin, ich merke bei

Euch nicht die Heiterkeit, die Ihr normalerweise zeigt. Hat sich in meiner Abwesenheit etwas zugetragen, das Euch mißfallen hat? Verhehlt es mir um Gottes Willen nicht, denn es gibt nichts, was in meiner Macht steht, das ich nicht täte, um Euch wieder vergnügt zu sehen.» «Ach, es ist nur eine Kleinigkeit», gab die Prinzessin zur Antwort, «und es beunruhigt mich so wenig, daß ich nicht vermutet hätte, daß Ihr etwas davon merkt. Da Ihr es aber nun schon bemerkt habt, so will ich Euch den Grund nicht verschweigen.
Bisher habe ich wie Ihr geglaubt», fuhr die Prinzessin Badroulboudour fort, «daß unser Palast der allerprächtigste und vollkommenste der Welt sei. Bei gründlicher Betrachtung des Saales mit den vierundzwanzig Fenstern aber ist mir nun aufgefallen, daß er erst vollkommen würde, wenn von der Mitte der Kuppel herab ein Roc-Ei hängen würde.» «Prinzessin», erwiderte Aladin, «es ist mir genug, Euren Wunsch zu kennen, um mit ihm ganz überein zu stimmen. Wenn Ihr meint, daß dort ein Roc-Ei fehlt, so soll es alsbald dort hängen.» Und augenblicklich begab sich Aladin hinauf in den Kuppelsaal, wo er die Lampe aus seinem Hemd herauszog, welche er seit der letzten Gefahr immer bei sich trug. Er rieb sie wie gewöhnlich und der Geist erschien. «Höre, Geist», sagte er zu ihm, «in der Kuppel hier fehlt ein Roc-Ei. Im Namen der Lampe, die ich hier in der Hand halte, verlange ich daher von dir, daß du diesen Mangel behebst.»
Aladin hatte diese Worte noch nicht ganz ausgesprochen, als der Geist so schrecklich zu brüllen

anfing, daß der Saal davon erbebte und Aladin so heftig hin und hergeworfen wurde, daß er beinahe der Länge nach hinfiel. «Was, du Lumpenhund», schrie der Geist mit einer Stimme, die auch den mutigsten Mann hätten erzittern lassen, «ist es dir nicht genug, daß meine Kameraden und ich alles für dich getan haben, was wir konnten? Haben wir diese Undankbarkeit verdient, daß du nun auch noch verlangst, meinen Herrn hierherzubringen und in diese Kuppel zu hängen? Dieses frevelhafte Begehren verdiente wirklich, daß ihr alle zusammen, du mit deinem Weib und deinem ganzen Palast zu Asche gemacht würdet. Dein Glück ist nur, daß dieses Begehren nicht von dir stammt; höre vielmehr, wer der Urheber davon ist: Es ist der Bruder des Afrikanischen Zauberers, deines Feindes, den du so gestraft hast, wie er es verdiente. Er hat Fatima, die heilige Frau umgebracht, sich mit deren Kleidern angetan und wohnt nun in deinem Palast. Die schändliche Forderung, die du jetzt an mich weitergegeben hast, hat er heute deiner Frau eingegeben und plant nichts weiter als deinen Tod. Deshalb solltest du dich vor ihm in acht nehmen.» Und mit diesen Worten verschwand er.
Aladin merkte sich jedes dieser Worte und begab sich zurück in das Gemach der Prinzessin, ohne ihr etwas von dem Geschehenen zu berichten. Da er von Fatima und ihren Künsten, das Kopfweh zu vertreiben, schon gehört hatte, sagte er nur, ihn habe plötzlich ein heftiger Kopfschmerz befallen, wobei er die Hand an die Stirn legte. Daher befahl die Prinzessin, man solle die heilige Frau holen.

Während sie nun auf deren Ankunft warteten, erzählte sie Aladin, bei welcher Gelegenheit sie jene kennengelernt hatte und daß sie ihr ein Zimmer im Palast gegeben hätte.
Die verkleidete Fatima kam also herein und Aladin sagte zu ihr: «Kommt her, meine liebe Mutter. Es ist mir sehr lieb, daß ich Euch sehe und daß Ihr gerade hier weilt, da ich von heftigen Kopfschmerzen geplagt werde. Ihr habt schon so viele Menschen von dieser Krankheit geheilt, daß ich fest auf die Wirkung Eures Gebetes und Eurer Hilfe zähle.»
Nachdem er so gesprochen hatte, stand er auf und beugte seinen Kopf vor ihr. Die verkleidete Fatima ihrerseits kam ebenfalls auf ihn zu, legte dabei aber die Hand an einen Dolch, den sie unter dem Rock versteckt hielt. Da Aladin sie aber genau beobachtete, merkte er ihr Vorhaben und ergriff ihre Hand. Gleichzeitig versetzte er ihr mit seinem eigenen Dolch einen so heftigen Stich ins Herz, daß sie sofort tot niedersank.
«Mein lieber Gemahl, was habt Ihr getan?» rief die Prinzessin bestürzt. «Ihr habt die heilige Frau umgebracht!» «Nein, meine Prinzessin», gab Aladin ohne Mitlied zur Antwort. «Ich habe nicht Fatima, sondern einen ganz bösen Kerl umgebracht, der mich ermorden wollte. Dieser schlechte Mensch, den Ihr hier liegen seht», setzte er hinzu, während er den Schleier löste, «ist derjenige, der jene Fatima erdrosselt hat, welche Ihr zu beklagen meint. Und er hat sich nur mit ihren Sachen verkleidet, weil er mich erstechen wollte. Und damit Ihr mir ganz gewiß glaubt, so hört denn, daß

er der Bruder des Afrikanischen Zauberers war, der Euch entführt hatte.» Nach diesen Worten erzählte Aladin, wie er alles erfahren hatte, und ließ anschließend den toten Körper beiseite schaffen.
Auf diese Weise wurde Aladin glücklich von der Verfolgung der beiden Zauberbrüder befreit. Wenige Jahre später starb der Sultan in hohem Alter. Da er keine männlichen Nachkommen hatte, folgte ihm die Prinzessin als rechtmäßige Erbin, wodurch ihr Gemahl Aladin mit ihr zusammen die höchste Regierungsgewalt erlangte. Sie regierten noch viele Jahre lang vergnügt zusammen und erlangten große Berühmtheit.

Inhaltsverzeichnis

Quellenverzeichnis

Titel der Erzählungen:
Die Geschichte Abdullahs, des blinden Bettlers
übertragen von Jorge Luis Borges.
Aus dem Spanischen von Maria Bamberg
Historie von Aladin oder Die wunderbare Lampe
Neu überarbeitet von Babina von der Heydt